Inhalt

Herzlich willkommen! 5

1 Selbstmitgefühl: die natürliche Antwort auf Leid 11

Wie gehen wir mit uns um, wenn es uns
schlecht geht? 11
Fest verdrahtet zum Überleben,
nicht zum Glücklichsein 15
Die Schuld ablegen, um Verantwortung zu
übernehmen 19
Von Widerstand und Schutzpanzern 23
Weise mit Leid umgehen 27
Ja, aber … 31

2 Die Türen zum Selbstmitgefühl finden 35

Der Boden: Vertrauen und
Verbundenheit..................................... 35
Unseren Mitgefühlsmuskel trainieren 37
Finden, was schon da ist 42
Unser mitfühlendes Selbst entdecken 47
Von Ängsten und schmelzendem Schnee 49

3 Die vier Herzensqualitäten 53

Liebe: die Wärme und Kraft des
Sonnenlichtes 55
Mitgefühl: getröstet vom Sonnenlicht 56
Mitfreude: aufblühen durch das Sonnenlicht .. 58
Gleichmut: der geräumige Himmel 59

4 Ganz Mensch sein 62

Nie gut genug 63
Scham und Verletzlichkeit verstehen 70
Mut zur Unvollkommenheit 77
Schmerzhafte Emotionen verwandeln 83

5 Wut und Vergebung 91

Rotsehen 91
Wie gehe ich normalerweise mit Wut um? 94
Der mittlere Weg 98
Schutz und Selbstachtung 102
Wenn sich Wut in Verbitterung wandelt 111
Tiefes Verstehen und Vergeben 115

Zum Abschluss: den ersten Schritt machen ... 122

Danksagung 124
Anmerkungen 125
Buch- und CD-Empfehlungen 127

Achtsam leben

CHRISTINE BRÄHLER

Selbst-mitgefühl entwickeln

Liebevoller werden mit sich selbst

SCORPIO

Dr. Christine Brähler ist Psychologische Psychotherapeutin in eigener Praxis und Ausbilderin für
mitgefühlsbasierte Ansätze.

www.selbstmitgefühl.de

2. Auflage 2015

© 2015 Scorpio Verlag GmbH & Co. KG, München
Umschlaggestaltung: Hauptmann & Kompanie
Werbeagentur, Zürich
Layout und Satz: Veronika Preisler, München
Druck und Bindung: Print Consult, München
ISBN 978-3-95803-009-1
Alle Rechte vorbehalten.
www.scorpio-verlag.de

Herzlich willkommen!

Falls einer der folgenden Punkte auf Sie zutrifft, ist dieses Buch für Sie. Kennen Sie die Erfahrung,

- häufig mit sich und dem Leben unzufrieden zu sein?
- das Gefühl zu haben, nicht zu genügen?
- zu viel über eigene Fehler oder Schwächen nachzudenken, ohne wirklich etwas zu verändern?
- Versagensängste zu haben?
- übermäßig streng mit sich umzugehen, wenn es Ihnen schlecht geht, wie Sie es nie mit einem geliebten Menschen tun würden?
- zu versuchen, sich mit gnadenloser Kritik zu motivieren, aber doch nicht an Ihr Ziel kommen?
- Ihre Bedürfnisse und Grenzen zu missachten und darunter zu leiden?
- sich durch übermäßiges Arbeiten, Sorgenmachen, Essen oder andere Ablenkungen zu schaden und sich freudvolle Dinge zu verwehren?
- *Und möchten Sie einen fürsorglicheren, nachhaltigeren und liebevolleren Umgang mit sich selbst lernen?*

Dann seien Sie herzlich willkommen in diesem Einstieg in die Praxis des Selbstmitgefühls. Trotz der Neuartigkeit des Wortes ist die Idee dahinter nicht neu. Selbstmitgefühl ist die Fähigkeit, uns selbst liebevoll zu umsorgen, wenn wir leiden – so wie wir es für einen geliebten Menschen oder andere Menschen in Not tun würden. Sie sehen, es ist etwas ganz Natürliches. Warum also darüber ein Buch schreiben? Obgleich Mitgefühl eine natürliche Antwort auf Leid bei einem anderen Menschen ist, so kann es uns aufgrund unseres verzwackten Gehirnbauplans schwerfallen, es uns selbst zu geben, wenn wir es am meisten brauchen.

Selbstmitgefühl ist nicht Selbstmitleid!

Wenn wir uns selbst bemitleiden, fühlen wir uns alleine und unverstanden mit unserer Not, kreisen wir immer mehr um unsere Leidensgeschichte und verstricken uns letztendlich darin.

Durch Selbstmitgefühl entwickeln wir die Kraft, unser Leid anzuerkennen und uns zu erinnern, dass alle Menschen Fehler machen oder schwierige Zeiten durchleben. Uns selbst Verständnis zu schenken schafft Raum für Trost und eine hilfreiche Umgangsweise mit der Herausforderung.

Mit Selbstmitgefühl auf Belastungen zu antworten bedeutet auch nicht, Schwierigkeiten mit Zuckerguss übertünchen zu wollen. Ganz im Gegenteil: Selbstmitgefühl bedarf des Mutes, sich schmerzhaften Erfahrungen zuzuwenden, um diese zu umsorgen und Heilung zu ermöglichen, anstatt diese Wunden zu vernachlässigen.

> **Mitgefühl ist überlebensnotwendig und die einzige Reaktion auf Leid, die Sinn macht.**

Als Klinische Psychologin und Psychologische Psychotherapeutin hat mich die Frage »Was hilft, emotionales Leid nachhaltig zu lindern?« schon seit meiner Ausbildung in Schottland beschäftigt. Ich habe für mich erkannt, dass neben Fachkenntnissen und bestimmten Techniken Liebe und Mitgefühl zentrale tragende Kräfte in jeder heilsamen Begegnung sind – egal ob zwischen zwei Personen oder mit mir selbst. Die aktuelle Forschung hilft uns, diese Begriffe wissenschaftlich zu erfassen, und sie bestätigt meine Vermutung immer klarer. (Hinweise zu wissenschaftlichen

Studien finden Sie mithilfe der hochgestellten Ziffern in den Anmerkungen am Ende des Buches.) Mehr über Selbstmitgefühl konnte ich von Paul Gilbert, Rob Nairn und Chris Germer lernen. Noch in Schottland habe ich selbst die Wirkung von mitgefühlsbasierter Psychotherapie mit Menschen mit komplexen psychischen Störungen wie Psychosen in einer Studie erforscht.

»Mitgefühl und Liebe sind keine bloßen Luxusgüter. Als die Quelle von innerem und äußerem Frieden sind sie grundlegend für das Überleben unserer Spezies.«

S. H. der 14. Dalai Lama

Neben meiner psychotherapeutischen Tätigkeit gebe ich Kurse, in denen jeder die Ressource des Selbstmitgefühls lernen kann, und bilde Psychotherapeuten und in Gesundheitsberufen Tätige aus. Mit Kollegen am Mindfulness Based Professional Training Institute der Universität Kalifornien bilde ich international Lehrer im Programm *Mindful Self-Compassion* (*MSC* – Achtsames Selbstmitgefühl) aus. Das Einüben eines mitfühlenderen Umgangs kann nicht nur unsere individuelle Lebensqualität und unsere Beziehungen verbessern, sondern auch helfen, auf der gesellschaftlichen Ebene Aggression und Grausamkeit das Menschlichste in uns entgegenzustellen: unsere Fähigkeit zum Mitgefühl. Die Reise beginnt in unserem Herzen, in unserem Leben mit unseren Mitmenschen und kann so weitere Kreise ziehen.

1

Selbstmitgefühl: die natürliche Antwort auf Leid

Drei Menschen – Sabine, Ralf und Natalie – begleiten uns durch das Buch. Anhand ihrer Beispiele werden einige der Schwierigkeiten deutlich, mit denen Menschen zu mir in die Kurse und in die psychotherapeutische Praxis kommen. Zugleich verdeutlichen die Fallbeispiele, wie Selbstmitgefühl uns ganz praktisch im Alltag helfen kann.

Wie gehen wir mit uns um, wenn es uns schlecht geht?

Sabine kämpft schon länger mit Übergewicht. Aus Sorge um ihre Gesundheit entschließt sie sich, eine Diät zu beginnen. Die ersten Tage der Ernährungsumstellung verlaufen problemlos, und sie ist stolz, diesen ersten und wichtigsten Schritt getan zu haben. Als sie nach einer anstrengenden Arbeitswoche Lust auf Süßigkeiten verspürt, gibt sie diesem Impuls nach, obwohl Süßes nach ihrem Ernährungsplan nicht erlaubt ist. Kurz danach überkommt sie ein Gefühl von Scham und Enttäuschung. Sie verurteilt sich: »Typisch! Du bist so gierig, schwach und undiszipliniert! War ja klar, dass du das nicht schaffst! Du wirst immer fett bleiben.« Aus Scham zieht sie sich zu Hause zurück: »Jeder andere hätte ohne Probleme widerstehen können. Wer will schon mit einer gierigen, fetten Kuh wie mir befreundet sein? Ekelhaft. Davon darf niemand erfahren.« Der Ausrutscher lässt sie nicht los, und ihre Gedanken kreisen: »Warum habe ich das nur gemacht? Was würden die anderen nur von mir denken, wenn sie das wüssten?« Der innere Konflikt mit sich selbst erschöpft Sabine schließlich so sehr, dass sie kapituliert, die Diät aufgibt und sich mit noch mehr Süßigkeiten »tröstet«.

Sabines Reaktionen sind nicht ungewöhnlich, vielleicht kennen Sie ähnliche Gedankengänge auch von sich. Unnachgiebig richtet sie über sich selbst. Würden wir so mit einem geliebten Menschen reden, der sich in derselben Situation befindet? Warum schließen wir uns systematisch aus dem Kreis des Wohlwollens aus, wenn wir es am ehesten brauchen?

Mitgefühl wird im Buddhismus meist als der natürliche Wunsch definiert, dass alle Lebewesen frei von Leid sein mögen. Mitgefühl umfasst zwei Aspekte: eine Sensibilität für Leid und die Motivation, dieses Leid lindern zu wollen. Ein zwischenmenschliches Beispiel für Mitgefühl wäre eine Mutter, die sich ihrem verängstigten Kind liebevoll zuwendet. Zuerst will sie die Angst verstehen, indem sie dem Kind zuhört. Die Mutter gibt dann dem Kind, was es braucht, um besser mit der Angst umgehen zu können. Sie beruhigt es mit liebevollen, sanften Worten und durch körperliche Wärme und Zuwendung. Sie handelt aus einer Haltung des Wohlwollens ihrem Kind gegenüber. Mitgefühl ist also eine innere Ausrichtung des Herzens, die unabhängig von Ergebnissen ist. Auch wenn das Kind weiterhin Angst verspürt, wird die Mutter sich nicht abwenden, sondern weiterhin Halt und Liebe geben, ohne das Kind oder das Geschehen zu verurteilen.

Behandeln wir so auch uns selbst, wenn wir Angst haben oder wenn uns etwas belastet?

Testen Sie Ihr Selbstmitgefühl

- Wie gehen Sie normalerweise mit einem geliebten Menschen um, der sich schlecht fühlt und glaubt, nicht gut genug zu sein? Was sagen Sie und in welchem Ton? Was tun Sie?
- Wie gehen Sie normalerweise mit sich selbst um, wenn Sie sich schlecht fühlen und glauben, nicht gut genug zu sein? Was sagen Sie zu sich selbst, und in welchem Ton sprechen Sie mit sich? Was tun Sie?
- Haben Sie einen Unterschied festgestellt? Wenn ja, welchen?

Wenn ich diese Fragen bei Seminaren in die Runde stelle, berichtet die Mehrheit der Teilnehmer, dass sie verständnisvoll anderen gegenüber sind, mit sich selbst hingegen strenger und kritischer. Die nächstgrößere Gruppe stellt fest, dass sich ihre gnadenlose Haltung sich selbst gegenüber auch auf den Umgang mit anderen übertragen hat.

Fest verdrahtet zum Überleben, nicht zum Glücklichsein

Meist fällt es uns leichter, anderen gegenüber mitfühlend zu sein als mit uns selbst. Warum ist das so?

Wenn in unserem Leben etwas schiefgeht, dann laufen häufig unsere Erwartungen an uns und unseren Lebensentwurf Gefahr, enttäuscht zu werden. Je höher unsere Erwartungen an uns selbst sind und je mehr wir mit einer bestimmten Erwartung identifiziert sind, wie wir sein sollen, umso bedrohlicher fühlt es sich an, wenn wir sie nicht erfüllen. Viele von uns haben unerreichbar hohe Erwartungen an uns selbst, sodass wir nur selten mit uns zufrieden sind und immer einen Bereich finden, in dem wir von uns enttäuscht sind.

Wenn wir hingegen jemandem, der leidet, offenherzig und ohne Erwartungen begegnen (wie die Mutter dem Kind), dann fällt es uns leichter, Mitgefühl für diesen Menschen zu empfinden. Sobald wir Schmerz empfinden – weil wir z.B. einen Verlust, eine Niederlage, eine Enttäuschung, eine Verletzung oder körperliches Leid erleben –, dann zieht der Schmerz üblicherweise automatische Reaktionen nach sich, die das erlebte Leid noch

vergrößern und die Schmerzempfindung aufrechterhalten.

*Hier ist ein Mechanismus am Werk, der uns meist
nicht bewusst ist. Wenn wir jedoch anfangen, ihn
zu durchschauen, wird es einfacher, aus diesem
Automatismus auszusteigen.*

Unser Organismus ist evolutionär so eingerichtet,
uns vor Gefahren zu schützen und unser Überleben zu sichern. Das Gehirn ist sozusagen »fest
verdrahtet«, Gefahr von uns abzuwenden, das ist
das oberste Gebot. Schmerzen – egal ob körperlich
oder emotional – sind also ein starkes Warnsignal.
Es ist somit verständlich, dass Körper und Geist
auf Schmerz mit Abneigung reagieren, mit einem
Gefühl des Nicht-haben-Wollens.

Dazugehören ist überlebenswichtig

Angenommen, uns ist in der Arbeit ein Fehler unterlaufen. Oft geraten dann verschiedene Reflexe
in uns in einen Konflikt. Ein Teil in uns schämt
sich und will sich verstecken, ein anderer Teil ist
wütend und will sich wehren oder rechtfertigen,
und noch ein anderer Teil ist verängstigt, weil er
sich darüber sorgt, was passieren wird. Ein solcher
innerer Konflikt kann dazu führen, dass wir uns
verzweifelt und innerlich zerrissen fühlen.

Es kann helfen zu erkennen, dass unser Gehirn primär zum Überleben »verdrahtet« ist und nicht zum Glücklichsein. Um zu überleben, brauchen wir die Zugehörigkeit zu einer Gruppe, in der wir enge Bindungen pflegen und in der wir für unseren Beitrag wertgeschätzt werden. Wir sind hochempfindlich für jegliches Verhalten, das uns in den Augen der anderen als unattraktiv oder minderwertig erscheinen lassen könnte. Da solche Verhaltensweisen zur sozialen Ausgrenzung führen könnten, bekämpfen wir sie oft in uns selbst, indem wir uns selbst abwerten und angreifen in der Hoffnung, dass wir uns dadurch verbessern (»Reiß dich gefälligst zusammen! Was sollen denn die anderen über dich denken?!«). Da in unserer Gesellschaft Selbstdisziplin, Stärke, Erfolg und Schlanksein als attraktiv gelten, ist es nachvollziehbar, warum sich Sabine von ihrer scheinbar mangelnden Selbstdisziplin und ihrem Übergewicht bedroht fühlt. Ralf geht es ähnlich.

Ralf kann nicht mehr, aber er will es sich nicht eingestehen. Seit seiner lang ersehnten Beförderung hat sich sein Arbeitspensum enorm gesteigert. Eine Umstrukturierung führt zudem zu Unsicherheit in der Firma. Sowohl der Vorstand als auch seine Mitarbeiter machen ihm Druck, sich um ihre Anliegen zu kümmern und ihre gegensätzlichen

Interessen zu vertreten. Er bemüht sich, all seinen Aufgaben gerecht zu werden, um zu beweisen, dass er den hohen Anforderungen gewachsen ist. Überstunden und durchgängige Erreichbarkeit sind die Regel. Er lebt für den Job. Der Druck wächst, sodass er tagsüber unter Hochspannung steht. Am späten Abend löst er die Anspannung durch exzessiven Sport, um sich stark zu fühlen, oder durch Rotwein, um schlafen zu können. Bei einem Routinecheck diagnostiziert der Arzt Bluthochdruck. Um einen Herzinfarkt zu vermeiden, solle er dringend gesünder leben. Ralf denkt nur daran, dass er weiter funktionieren muss. Er beginnt Tabletten zu nehmen und verliert sich noch mehr in die Arbeit, sodass ihm kaum eine freie Minute bleibt, um über seine Gesundheit nachzudenken. Eines Nachts wacht er schweißgebadet mit Herzrasen und Atemnot auf. Im Krankenhaus zeigt sich, dass er eine Panikattacke hatte. Er fühlt sich doppelt geschwächt: von der Angst und von der Scham, offensichtlich ein Schwächling und Versager zu sein.

Auch am Beispiel von Ralf wird sichtbar, wie hinter vielen Verhaltensweisen, mit denen wir uns überfordern oder selbst schaden, das Bedürfnis steckt, dazuzugehören, Anerkennung zu finden und eine (vorgestellte) Gefahr von uns abzuwenden. Die Schwierigkeit ist nur, dass wir uns auf diese Weise oft selbst in Gefahr bringen.

Die Schuld ablegen, um Verantwortung zu übernehmen

Es ist völlig verständlich, dass wir Leid nicht mit offenen Armen willkommen heißen, sondern es erst einmal nicht haben wollen. Wenn wir z. B. mit einer Krankheit diagnostiziert werden, ärgern wir uns vielleicht zuerst oder beginnen mit dem Schicksal zu hadern: »Warum ich? Warum jetzt? Das ist unfair! Das habe ich nicht bestellt! Ich wollte doch gerade erst richtig loslegen, und jetzt bremst mich das aus.« Das ist eine völlig nachvollziehbare Reaktion.

Die Tatsache, dass Leid uns scheinbar willkürlich ereilt, kann uns das Gefühl geben, dass wir persönlich bestraft werden. Wir haben Pläne und Vorstellungen, wie unser Leben verlaufen soll, und vergessen dabei, dass wir doch wesentlich weniger Kontrolle über den Verlauf der Dinge haben, als wir glauben. Ich kenne diese Gefühle sehr gut. Aufgrund einer angeborenen Bindegewebsschwäche habe ich seit Anfang 20 diverse Gesundheitsprobleme. Schmerzen, Einschränkungen und verschiedene Bemühungen, um den Status quo aufrechtzuerhalten, gehören für mich zum Alltag. Zu Beginn haderte ich viel und stand häufig mit meinem Körper auf

Kriegsfuß. Wer hatte Schuld? Ich nicht, da es genetische Veranlagung war. Aha, die Gene! Das heißt, meine Eltern waren schuld. Nun ja, woher hätten sie wissen können, dass ich diese Probleme entwickeln werde, wenn sie selbst die Probleme zum Zeitpunkt meiner Geburt nicht hatten?

Da wir Menschen schwer mit Ungewissheit leben können, neigen wir dazu, für alle Ereignisse eine plausible Erklärung finden zu wollen. Das gibt uns ein Gefühl scheinbarer Sicherheit – auf Kosten der Genauigkeit. Wenn Sabine mit Süßigkeiten die Diät bricht, braucht es eine Erklärung. Wenn Ralf Panikattacken bekommt, braucht es eine Erklärung. Selbst wenn wir mit einer Krankheit diagnostiziert werden, braucht es eine Erklärung. Man sucht nach einem Schuldigen. Entweder sind wir es selbst oder die anderen. Wir geben uns die Schuld dafür, dass wir zu schwach sind und uns nicht genügend angestrengt haben. Wir geben dem Chef die Schuld, dass er uns nicht genügend unterstützt oder wertgeschätzt hat. Das schafft kurzfristige Erleichterung, aber hilft uns nicht wirklich weiter.

Mitgefühl fragt nicht: Wer hat Schuld, sondern: Wie kann ich dir helfen? Was brauchst du, um Verantwortung für das Leid zu übernehmen, das dir mit deinem oder ohne dein Zutun widerfahren ist?

Astronaut sein

- Schließen Sie die Augen. Sehen Sie jetzt die Erde vor sich, so als ob Sie ein Astronaut wären, der vom Weltall aus auf unseren Blauen Planeten schaut.

- Sie sehen die Ozonhülle, die die Erdkugel umhüllt und durch ihren Schutz Leben möglich macht. Auf einem Teil der Erde ist Tag, auf dem anderen Nacht. In Regionen mit großen Städten und engmaschiger Stromversorgung sehen Sie mehr Lichter als in dünn besiedelten oder weniger entwickelten Ländern. Manche Regionen sind von Schnee-, Sturm- oder Regenwolken bedeckt, andere empfangen gerade Sonnenschein.

- Stellen Sie sich die sieben Milliarden Menschen vor, die derzeit auf der Erde leben. Jeder einzelne wurde in das Leben hineingeboren: in ein bestimmtes Land mit mehr oder weniger Freiheit; in eine bestimmte Familie und Lebensumstände, der eine reicher, der andere ärmer; ausgestattet mit bestimmten Genen, die Veranlagung zu Krankheiten, Lebensdauer, Temperament und Aussehen vorgeben. Kein einzelner Mensch hat sich sein Leben ausgesucht. Wir alle finden uns im Fluss des Lebens wieder, das schon seit vier Milliarden Jahren seinen Lauf nimmt und den Menschen vor ca. 120000 Jahren hervorbrachte.

- Stellen Sie sich vor, wie jeder Mensch auf dem Planeten jeden Tag neu mit Belastungen konfrontiert ist – von Krieg und Krankheit hin bis zum Stress im morgendlichen Verkehrsstau. Jeder auf seine oder ihre Weise. Besuchen Sie innerlich ein paar Länder, die Ihnen vertraut sind, und führen Sie sich das Leid der Menschen dort vor Augen. Leid gehört zum Leben dazu. Es ist nicht unsere Schuld, dass wir es erleben. Wir sind nicht damit alleine. Es verbindet alle Menschen.

- Werden Sie sich bewusst, dass uns alle die angeborene Fähigkeit zu Freude, Liebe, Fürsorge und Mitmenschlichkeit verbindet, die Leid lindern kann.

....

Wir sind nicht schuld daran, dass uns Leid widerfährt, aber wir können Verantwortung dafür übernehmen, es innerhalb unserer Möglichkeiten zu lindern und vorzubeugen.

Mit der Zeit und mit viel Übung von Achtsamkeit und Selbstmitgefühl begann sich der Umgang mit meinen Körper zu verändern. Ich habe gelernt, mich selbst zu umsorgen und zu trösten, wenn ich Schmerzen habe oder wenn ich traurig darüber bin, von den Schmerzen eingeschränkt zu sein und geliebten Aktivitäten nicht mehr nachgehen zu können. Gleichzeitig habe ich gelernt, meinem Körper wieder zu vertrauen, auch wenn er neue Schwachstellen aufweist und dadurch neue Herausforderungen entstehen. Alles, was ich tun kann, ist, auf ihn zu hören, mit ihm als Team zusammenzuarbeiten, ihn liebevoll zu unterstützen und zu umsorgen und dankbar für das unvollkommene, aber kostbare Geschenk des Lebens in einem menschlichen Körper zu sein.

Von Widerstand und Schutzpanzern

»Ich habe gelernt, dass man sehr viel über einen anderen Menschen erfährt, wenn man sieht, wie er mit diesen drei Punkten umgeht: ein verregneter Tag, verlorenes Gepäck, verhedderte Lichterketten für den Weihnachtsbaum.«

Maya Angelou[1]

Empfinden Sie eines dieser Ereignisse, von denen die Schriftstellerin und Bürgerrechtlerin Maya Angelou schreibt, als belastend? Vielleicht würde Sie eines, keines oder alle drei belasten. Was wir als belastend erleben, variiert von Person zu Person. Was den einen stresst, nimmt ein anderer mit Gelassenheit. Stressempfinden ist subjektiv. Es wäre deshalb nicht hilfreich, zu Sabine zu sagen: »Was regst du dich über deinen Essanfall auf? Die Kinder in

Afrika verhungern!«, oder? Das würde Sabines Leid entwerten, ihr das Recht absprechen, sich so zu fühlen, wie sie sich fühlt. Wir haben uns nicht ausgesucht, in der industrialisierten Welt geboren zu sein, was andere Probleme und anderes Leid mit sich bringt, als in einem Entwicklungsland zu leben. Leid miteinander zu vergleichen hilft der Person, die leidet, nie, sondern entwertet sie nur.

Dennoch liegt solchen Aussagen oft eine versteckte Absicht zugrunde: Wir mögen uns doch der Fülle in uns und um uns bewusst werden, anstatt immer nur den Mangel zu sehen. Wie wir das üben können, erfahren Sie in Kapitel 4.

Ringu Tulku Rinpoche, ein tibetisch-buddhistischer Lehrer, erzählte bei einer Unterweisung zum Thema Mitgefühl bei Sterben und Tod, an der ich teilnahm, die folgende Geschichte: Als er eine Gruppe in Hongkong zum gleichen Thema unterrichtete, fragte er, wer Angst vor dem Sterben und Tod hätte. Er ging davon aus, dass diese Angst weitverbreitet sei. Es meldeten sich aber nur wenige. Dann fragte er verdutzt: »Vor was habt ihr denn dann Angst?« »Vor dem Dickwerden!«, antwortete die Mehrheit. Leidempfinden ist subjektiv.

Ebenso wie Leidempfinden etwas Individuelles ist, so kann auch der automatische Widerstand, das

Nicht-haben-Wollen, verschiedene Formen annehmen. Sabine zieht sich aus Scham zurück, sie beschimpft sich selbst und isst aus Frust noch mehr Süßigkeiten. Ralf vermeidet es, mit sich und seinem gestressten und angespannten Körper in Kontakt zu treten, indem er unentwegt arbeitet. Er greift den Stress an und versucht, ihn mit exzessivem Sport und Rotwein loszuwerden. Dies alles sind Schutzmechanismen, die schnell und automatisch aktiv werden, das Leid jedoch nicht lindern, sondern verschlimmern. Manch einer entwickelt einen ganzen Schutzpanzer um sich herum aus Angst, den Schmerz darunter zu spüren. Ralf ahnte, dass er nicht mehr konnte, aber er hatte Angst, von anderen als schwach gesehen zu werden und möglicherweise seinen Job und sein Ansehen zu verlieren. Seinen Schutzpanzer zog er sich jeden Morgen an, um am Arbeitsplatz stark zu erscheinen. Sabines Schutzpanzer hingegen war ein langjähriges Vermeiden und Vernachlässigen ihres Körpers.

Der innere Kritiker

Ein weitverbreiteter Schutzmechanismus ist die Selbstverurteilung. Sie zeigt sich als gnadenlos richtende und vernichtende Stimme: »Du gierige, fette Kuh! Du ekelst mich an!«, »Was für ein

Komplettversager! Schwächling!« Das ist die Stimme unseres inneren Kritikers. Er will uns meist auf verquere Art und Weise davor schützen, von anderen für Schwäche, Scheitern oder Fehler abgelehnt zu werden. Wenn er uns selbst so streng verurteilt, so die dahinterstehende Logik, könnten wir der Kritik von außen entgehen und die Beziehung zu anderen aufrechterhalten. Leider verfehlen solche gnadenlose Richter ihr Ziel und fördern stattdessen Angst und Depression.[2]

Manchmal nimmt der innere Kritiker eine subtilere, aber ebenso ablehnende Form an, indem er uns ständig vermittelt, dass wir nicht genug sind und uns verbessern müssen. Der Ton ist unfreundlich, hart, fordernd und manchmal offen feindselig. Wir fühlen uns von der Stimme gestresst, herabgesetzt oder genervt.

Hilft Ihnen der Kritiker, Ihr Ziel zu erreichen? Wenn nicht, sind Sie bereit, etwas Neues auszuprobieren? Ich lade Sie ein, dem inneren Kritiker für seine Bemühungen zu danken und Raum für eine liebevolle Stimme entstehen zu lassen. Nur wenn Liebe und nicht Angst oder Hass die treibende Kraft hinter unserem Handeln ist, führt es zu Zufriedenheit und Erfüllung.

- Was empfinden Sie zurzeit in Ihrem Leben als belastend?
- Auf welche Art und Weise widersetzen Sie sich dieser Belastung?
- Verurteilen Sie sich für diese Belastung? Ist diese Verurteilung wirklich gerechtfertigt?
- Welche Auswirkungen hat dieser Widerstand auf Ihr Wohlbefinden?
- Was brauchen Sie, um Verantwortung für das Leid zu übernehmen, das Ihnen mit Ihrem oder ohne Ihr Zutun widerfahren ist? Was würde helfen, das Leid zu lindern?

Weise mit Leid umgehen

Was hätte Sabine geholfen, ihre Diät fortzusetzen? Was hätten Sie sich an ihrer Stelle zur Unterstützung gewünscht? Vielleicht Verständnis, Trost und Ermutigung? Als Säugetiere haben wir Menschen die Veranlagung, Fürsorge zu empfangen und auszudrücken, um belastende Emotionen zu regulieren. Im Gegensatz zu Reptilien, die dieser Fürsorge nicht bedürfen, sind Menschen, wie andere Säugetiere auch, auf Fürsorge für ihre körperliche, intellektuelle, soziale und emotionale Entwicklung angewiesen.[3] Mitgefühl basiert auf unserer fest verdrahteten Fähigkeit, Fürsorge anzunehmen und zu geben. Körperliche Wärme, beruhigende Berührungen, ein freundlicher Gesichtsausdruck und eine sanfte Stimmfärbung helfen dabei, unser Fürsorgesystem zu aktivieren und somit Zugang zu einer mitfühlenden Haltung uns selbst gegenüber zu finden.[4]

Die drei Aspekte von Selbstmitgefühl

Die amerikanische Psychologin Kristin Neff hat die Wirkung von Selbstmitgefühl in den letzten Jahren intensiv erforscht. Nach ihrer Definition umfasst es drei Komponenten:[5]

1. Gelassenes Gewahrsein: Anstatt unser Leid zu verdrängen oder uns darin zu verstricken, spüren wir die Belastung im Körper und erkennen an, dass wir gerade leiden.

2. Gemeinsames Menschsein: Anstatt uns innerlich oder äußerlich zurückzuziehen, erinnern wir uns daran, dass Leid wie Krankheit, Altwerden, Verluste, Versagen und Verletzungen zum Leben dazugehören und dass alle Menschen schwierige

Zeiten durchleben. Dies kann helfen, uns wieder verbunden zu fühlen.

3. Selbstfreundlichkeit: Anstatt uns selbst zu verurteilen, begegnen wir uns mit Freundlichkeit.

Selbstmitgefühl ist die Fähigkeit zu erkennen, dass man gerade eine leidvolle Erfahrung macht, sich diese spüren zu lassen und sich selbst liebevoll dabei zu umsorgen – auf mentale, emotionale, körperliche Weise oder durch ein bestimmtes Verhalten.

Im Kurs *Mindful Self-Compassion (MSC* – Achtsames Selbstmitgefühl*),* der von Christopher Germer und Kristin Neff in den USA entwickelt wurde, um Selbstmitgefühl zu kultivieren, wird das Zusammenwirken dieser Faktoren als »liebevolle, verbundene Präsenz« beschrieben, mit der man leidvollen Erfahrungen begegnet. Studien belegen, dass Selbstmitgefühl im Gegensatz zu Selbstverurteilung Angst und Depression verringert und man dies erlernen kann.[6,7,8] Wie man sich in einer konkreten Situation diese liebevolle Präsenz selbst schenken kann, zeigt das folgende Beispiel von Sabine.

Sich inmitten einer schwierigen Situation mitfühlend umsorgen

Sabine ließ sich die Scham und die Enttäuschung über den Ausrutscher mit den Süßigkeiten in ihrem Körper spüren. Sie wandte sich dem Druck und der Schwere im Herzen mit liebevoller und nicht mit besorgter oder vorwurfsvoller Aufmerksamkeit zu. Sie erkannte die Belastung an, indem sie zu sich sagte: »Das ist echt enttäuschend! Ach, wie doof. Es ist gar nicht leicht, solche eingefahrenen Gewohnheiten zu ändern« *(gelassenes Gewahrsein)*. Anschließend rief sie sich ins Bewusstsein, dass viele Menschen unter Übergewicht leiden und häufig mit Diäten scheitern, da es schwierig ist, unseren Körper zu Entbehrung zu zwingen, wenn wir von einem Übermaß an dick machenden Nahrungsmitteln umgeben sind. Sie spürte, dass die Verantwortung nicht allein bei ihr lag und andere Menschen ähnlichen Frust erleben *(gemeinsames Menschsein)*. Sabine schenkte sich eine beruhigende Berührung, indem sie ihre Hand auf die Mitte des Herzbereichs legte und die Wärme ihrer Hand spürte. Dann stellte sie sich vor, was sie einer lieben Freundin in derselben Situation sagen würde. Ein sanftes Lächeln und liebevolle Worte stiegen in ihr auf: »Meine Liebe, es freut mich, dass du dich um deine Gesundheit kümmerst. Was zählt, ist deine Absicht. Ein kleiner Ausrutscher ist nicht schlimm. Das kann jedem passieren. Morgen ist ein neuer Tag. Mögest du freundlich zu dir sein« *(Selbstfreundlichkeit)*. Sabine empfand Erleichterung. Sie konnte sich ihren Ausrutscher verzeihen und war motiviert, die Diät wiederaufzunehmen – aber diesmal erlaubte sie sich an einem Tag in der Woche, Süßigkeiten zu essen, und das auch bewusst zu genießen.

Ja, aber...

Die Wortneuschöpfung »Selbstmitgefühl« (engl.: *self-compassion*) wird häufig missverstanden. Weitverbreitete Bedenken gegenüber Selbstmitgefühl sind, dass man sich selbst bemitleidet und im eigenen Leid versinkt, dass man maßlos wird, egoistisch und selbstbezogen, dass man faul wird und nichts mehr erreicht und es einen schließlich schwächt. Der aktuelle Stand der Forschung widerlegt dies jedoch.[9]

Selbstmitgefühl fördert nicht Maßlosigkeit und kurzzeitige Befriedigung, sondern nachhaltig fürsorgliches Verhalten, wie wir in Sabines Beispiel sehen. Studien zeigen, dass Menschen mit mehr Selbstmitgefühl gesündere Verhaltensweisen haben und diese auch eher aufrechterhalten können, wie z. B. eine Diät einhalten, mit dem Rauchen aufhören, Sport treiben oder regelmäßig zum Arzt gehen.

Selbstmitgefühl ist kein Selbstmitleid. Wenn wir glauben, ganz alleine mit unserer Not zu sein, und uns unverstanden fühlen, dann kreisen wir immer mehr um unsere Leidensgeschichte und verstricken uns letztendlich darin. Das ist Selbstmitleid. Dahinter verbirgt sich meist die Sehnsucht, von einem anderen Menschen wahrhaftig in der eigenen Not gehört und gesehen zu werden und Zuwendung zu bekommen. Sich von einem anderen »gefühlt zu fühlen« kann helfen: »Ja, das ist ja wirklich anstrengend. Ich kann verstehen, warum du so belastet bist.« Menschen mit mehr Selbstmitgefühl zeigen eine erhöhte Fähigkeit, sich in andere hineinzuversetzen und sich bewusst zu werden, dass sie in ihrem Leid nicht alleine sind.

Selbstmitgefühl untergräbt auch nicht Ehrgeiz oder die Leistungsfähigkeit. Im Gegensatz zu Selbstwert, der auf Anerkennung von anderen beruht, motiviert uns Selbstmitgefühl von innen heraus, Ziele zu verfolgen, die unseren Werten entsprechen. Studenten, die sich nach dem Scheitern in einem experimentellen Test mit Mitgefühl motivierten, arbeiteten anschließend 25 Prozent mehr und erzielten beim nächsten Test bessere Ergebnisse als Studenten, die nicht selbstmitfühlend waren.[10] Selbstmitgefühl hilft uns, uns als fehlbare

Menschen mit Stärken und Schwächen zu sehen, sodass es uns leichter fällt, uns unsere Schwächen und Misserfolge einzugestehen, daran zu arbeiten und unsere Ziele mit weniger Angst vor dem Scheitern zu verfolgen.

Selbstmitgefühl macht uns nicht schwach, sondern es stärkt unsere emotionale und körperliche Widerstandsfähigkeit. Menschen mit einem höheren Selbstmitgefühl zeigen einen besseren Umgang mit Belastungen wie Scheidung, einer chronischen Krankheit oder Kriegstraumatisierungen.[10] Eine weitere Studie zeigte, dass ein höheres Selbstmitgefühl mit einer besseren Immunreaktion bei experimentell ausgelöstem Stress einherging und somit auf erhöhte Widerstandsfähigkeit hinweist.[11]

Selbstmitgefühl macht uns auch nicht egoistisch, Fürsorge uns selbst gegenüber ist die Basis für Fürsorge für andere. Eine Pflanze empfängt Sonnenlicht und Regenwasser, um zu leben und zu gedeihen. Eine gesunde Pflanze besitzt die Kraft, das für Menschen giftige Kohlendioxid in für uns überlebensnotwendigen Sauerstoff umzuwandeln. Die Pflanze empfängt Luft und Licht, atmet das »Giftige« oder Belastete ein, verwandelt es mithilfe von Luft und Licht und schenkt uns dadurch

Sauerstoff! Stellen Sie sich vor, Sie würden ein schwarzes Laken über die Pflanze hängen, sodass sie keine Nahrung mehr empfangen kann und eingeht, und trotzdem von ihr erwarten, dass sie Sauerstoff produziert. Unmöglich! So gehen wir jedoch oft mit uns selbst in Situationen um, in denen wir für andere da sein müssen. Wir verwehren uns die Nahrung, die wir selbst brauchen, um anderen Mitgefühl geben zu können.

Studienergebnisse weisen darauf hin, dass selbstmitfühlende Menschen mehr emotionale Ressourcen für ihr Gegenüber zur Verfügung haben, da sie sich selbst die Fürsorge schenken, die sie brauchen.

Die Sicherheitshinweise beim Fliegen erinnern uns daran: »Falls der Druck in der Kabine sinken sollte, fallen Sauerstoffmasken herunter. Bitte setzen Sie sich eine der Masken auf. Erst dann helfen Sie mitreisenden Kindern.«

2

Die Türen zum Selbstmitgefühl finden

Vielleicht erscheint es Ihnen nach dem bisher Gelesenen eine gute Idee, Selbstmitgefühl zu entwickeln. Bloß: Wie macht man das genau? Mitgefühl lässt sich wie ein Muskel aufbauen und trainieren, Schritt für Schritt. Der beste Boden dafür sind Gefühle von Vertrauen und Verbundenheit.

Der Boden: Vertrauen und Verbundenheit

Ralf fühlte sich völlig hilflos. Die Ärzte im Krankenhaus hatten ihn krankgeschrieben und empfahlen ihm dringend zu lernen, sich zu entspannen und abzuschalten. Und wie sollte er das so mal eben lernen? Gab es da keine Tablette dafür? Was sollte er nur auf der Arbeit sagen? Er war ja nicht wirklich krank, oder? Er war einfach nur ein Schwächling, ein Versager. In seiner Not kontaktierte er seinen guten Freund, Jan. Er war der Einzige, von dem er glaubte, dass er ihn nicht verurteilen würde. Er erinnerte sich, dass Jan selbst vor einigen Jahren einen »Burnout« hatte, der aber nie zur Sprache gekommen war. Jan holte ihn vom Krankenhaus ab. Bei Ralf zu Hause begannen die beiden, offen zu reden, und entdeckten, dass sie Ähnliches erlebt hatten. Ralf sprach das erste Mal über den massiven Druck, der seit der Beförderung auf ihm lastete. Er verlangte sich und seinem Körper täglich Extremleistungen ab, wollte ja alles richtig machen, produktiv sein und durch besondere Leistungen herausstechen, um bei der nächsten Bewertung bestmöglich abzuschneiden. Letztendlich tat er alles, um sich selbst und seinem Chef zu beweisen, dass er keine Niete war.

Trotz dieser Anstrengungen war er am Ende jeden Tages mit dem unbefriedigenden Gefühl nach Hause gegangen, doch nicht alles erreicht zu haben und doch nicht gut genug für den Job zu sein. Jedes Mal schwor er sich: »Morgen ziehst du an. Dann zeigst du's allen!« Sich Jan so anvertrauen zu können, gab Ralf ein Gefühl von Sicherheit und Verbundenheit. Jan war kein Schwächling! Ganz im Gegenteil, der war tough. Vielleicht war er ja selbst auch kein Versager?

Dass Ralf und Jan dieses Gespräch geführt haben, mag sich vielleicht einfach anhören, doch bedarf es einer Menge Mut, dass sich Ralf in all seiner

Verletzlichkeit und Scham Jan zeigt und anvertraut. Anstatt seine Not zu verstecken, hat er die Verbindung gesucht. Anstelle von Konkurrenz und Abwertung kam ihm Verständnis und Mitmenschlichkeit entgegen. Die Wahrnehmung von sich selbst hat sich positiv verändert. Ralf sah sich nicht mehr durch die Augen seines Chefs, sondern durch die Augen eines guten Freundes, der versteht, wie er sich fühlt, und ihn so nimmt, wie er ist.

Unseren Mitgefühlsmuskel trainieren

Mitgefühl basiert auf dem Fürsorgesystem, das wir mit den Säugetieren teilen. Das Fürsorgesystem benötigen wir, um belastende Gefühle aller Art – egal ob diffuser Stress, Angst, Scham, Traurigkeit, Verzweiflung oder Wut – beruhigen und regulieren zu können. Auch wenn das eine fest verdrahtete physiologische Notwendigkeit ist, die kein anderes Säugetier infrage stellen kann, so können wir Menschen das aufgrund unseres komplexen Gehirnes durchaus. Wie im ersten Kapitel beschrieben, verhaken sich unsere Erwartungen an uns selbst mit automatischen Reaktionen auf Bedrohung.

Ralf lebte vor seiner Panikattacke in einem andauernden Bedrohungszustand. Wein und Sport waren Versuche, sich zu beruhigen. Sie konnten aber nicht wirken, da ihnen etwas fehlte: nämlich die Erfahrung, Fürsorge zu geben oder zu empfangen. *Ralf wollte seine Anspannung durch Sport und Wein* bekämpfen, *nicht sich auf diese Weise Fürsorge geben. Statt sich zu unterstützen, versetzte er sich damit noch stärker in einen Bedrohungszustand. Die Absicht oder Motivation, die hinter unserem Handeln liegt, ist entscheidend dafür, welche emotionalen und körperlichen Auswirkungen diese Aktivität auf uns hat.*

Gelungene Stressregulation

Wie unsere Stressregulation optimal funktioniert, kann man an folgendem Beispiel erkennen. Stellen Sie sich ein Kleinkind vor, das seine Mutter im Einkaufszentrum verloren hat. Es erschrickt, bekommt Angst und sucht verzweifelt nach der Mutter (Bedrohungsmodus ist aktiv). Dann sieht es die Mutter, läuft zu ihr hin und fällt ihr in die Arme. Beide freuen sich und sind erleichtert. Das Kind wird von der Mutter gehalten und kann alle Anspannung im Körper abfließen lassen, da es jetzt sicher und geborgen ist. Völlige Entspannung!

Das Kind weint vielleicht und wird von der Mutter getröstet und beruhigt, um zu bestätigen, dass es jetzt geborgen ist und dass die Mutter für das Kind da ist, es lieb hat.

Das Weinen erleichtert und hilft, die Anspannung abzubauen. Das Ausruhen bei der Mutter kombiniert mit der Geborgenheit, körperlichen und emotionalen Zuwendung und Verbundenheit hilft, Kraft zu tanken (Fürsorgesystem ist aktiv). Die Stresshormone Adrenalin und Cortisol werden von den Hormonen und Neurotransmittern der Fürsorge, Oxytocin und Endorphinen, (vereinfacht gesagt) gegenreguliert. Wenn das Kind sich wieder erholt hat, wird es von alleine wieder beginnen, etwas unternehmen zu wollen.

Als Erwachsene übergehen wir oft den Schritt der Fürsorge und damit der eigentlichen Emotionsregulation und Erholung. Das bedeutet also:

Wenn ich in schwierigen Situationen nicht fürsorglich und verständnisvoll mit mir selbst umgehe, wird es mir schwerer fallen, mich zu erholen und die Kraft und Zuversicht für den nächsten Schritt oder einen neuen Anlauf zu finden.

Uns selbst vertrauen lernen

Sicherheit und Vertrauen sind die Voraussetzungen dafür, dass ich von jemandem Fürsorge annehmen kann. Wenn das Kleinkind die Mutter als unhilfreich erlebt hätte (sie schimpft, ist selbst aufgelöst vor lauter Angst oder ignoriert das Kind), dann weiß das Kind, dass es sich nicht auf die Mutter verlassen kann, ihr nicht vertrauen kann, um es zu beruhigen. Wenn ich nicht vertrauen kann, dass jemand für mich in meiner Not da ist, dann bleibe ich allein und überwältigt vom Stress oder lerne, ihn zu verdrängen. Als Erwachsener müssen wir uns, wie Ralf, fragen: Auf wen kann ich mich verlassen und stützen? Wem kann ich sicher vertrauen oder zumindest das Risiko eingehen?

Sicherheit und Vertrauen gilt es auch in Bezug auf uns selbst zu entwickeln.

Sabine hatte ihren Körper und ihre Ernährung schon lange vernachlässigt. Sie zweifelte daran, ob sie es schaffen könnte, ihre Essgewohnheiten nachhaltig zu verändern – geschweige denn abzunehmen. »Mein Körper macht ja eh, was er will. Ich schaff das nicht.« Nun begann sie, regelmäßig ihre Körperempfindungen achtsam und freundlich wahrzunehmen. Mit derselben Wärme und Liebe, die sie dem Körper ihrer kleinen Nichte entgegenbringen würde, erforschte sie ganz langsam alle Empfindungen von den

Füßen bis zum Kopf. Wenn sie harte Bewertungen wahrnahm, dann umsorgte sie sich liebevoll für den Schmerz, den diese Bewertungen ihr verursachten. Sie ließ sich die Lebendigkeit ihres Körpers ganz spüren, das Kribbeln und Pulsieren. Das Leben, wie es unentwegt durch sie hindurchfloss. Sie wurde sich auch all der Organe und Körperteile bewusst, wie sie unentwegt für sie arbeiteten, um sie am Leben zu halten. Eine leise Freude und Dankbarkeit stiegen in ihr auf. Mit der Zeit und regelmäßiger Übung fühlte sie sich immer stärker geerdet, lebendig und mit ihrem Körper verbunden. Sie hatte das Gefühl, ihren Körper ganz mit ihrem Herzen zu bewohnen. Beim Essen spürte sie bewusster, wie sich ihr Körper anfühlte und welche Gefühle da waren. Stress umsorgte sie jetzt mit Selbstmitgefühl anstatt mit Süßigkeiten, indem sie sich fragte: »Was brauche ich jetzt wirklich?«, und sich das schenkte.

BODYSCAN MIT MITGEFÜHL

Die Übung, die Sabine ausführte, ist der sogenannte Bodyscan, wie er aus der achtsamkeitsbasierten Stressreduktion bekannt ist. Ergänzt mit einer mitfühlenden inneren Haltung eignet er sich besonders gut, um (wieder) Freundschaft mit dem eigenen Körper zu schließen. Am leichtesten lässt er sich mit einer CD üben (siehe CD-Hinweis im Anhang).

Finden, was schon da ist

Jeder Mensch hat die Veranlagung, Fürsorge zu geben und zu empfangen. Sie ist evolutionär in uns angelegt. Wir dürfen darauf vertrauen. Es kann jedoch sein, dass sie nicht besonders stark entwickelt ist und wir das Gefühl haben, dass wir diese Fähigkeit nicht in uns tragen. Wie ein Muskel, den man nie wirklich benutzt hat, muss man sie manchmal zuerst trainieren. Unsere Gesellschaft fördert das Wachstum dieses Muskels kaum, sodass wir meist selbst unseren eigenen Zugang zu dieser Ressource finden müssen.

Alles beginnt mit Sicherheit und Vertrauen in uns und in die anderen. Darauf aufbauend können wir Eigenschaften des Mitgefühls in unserem Leben kultivieren: indem wir sie über unsere Sinne erfahrbar machen, innere Bilder sehen, hilfreiche Erinnerungen abrufen oder bewusst aus einer wohlwollenden und mitfühlenden Motivation handeln.

Mitgefühl beinhaltet folgende Aspekte:

Sicherheit und Geborgenheit

Verbundenheit

Kraft

Zugehörigkeit

Umsorgtsein

Liebe

Freude

Zufriedenheit

Wohlgefühl

Entspannung

Stärke

Dasein

Akzeptanz

Gelassenheit

Klarblick

Vertrauen

Mut

Wärme

Jeder von uns erlebt Momente dieser Eigenschaften im Alltag, selbst wenn es nur in kleinem Ausmaß ist. Diese Momente sind Türen zum Selbstmitgefühl. Indem wir bewusst wahrnehmen, wie sie sich öffnen, und sie uns im ganzen Körper spüren lassen, trainieren wir unseren Fürsorgemuskel, unsere Fähigkeit, Mitgefühl zu empfinden. In den folgenden Reflexionen sind Sie eingeladen, diese Türen in Ihrem Alltag zu entdecken, zu hinterfragen, was die Türen verschlossen hält, und zu erforschen, wie Sie diese auf sichere und leichte Art und Weise weiter öffnen können.

Ich möchte Sie ermutigen, diese Fragen in sich zu bewegen und zu lauschen, was in Ihnen auftaucht. Die Auseinandersetzung damit braucht Zeit. Versuchen Sie sie deshalb nicht, alle Fragen auf einmal zu beantworten, sondern besuchen Sie sie regelmäßig neu und lassen Sie sich von den Antworten überraschen. Vielleicht tauchen Ideen in Ihnen auf, wie Sie mehr von dem, was Sie sich wünschen, in Ihr Leben integrieren können.

Wo geht mein Herz auf?

Geborgenheit, Sicherheit und Wohlgefühl

Wann, wo oder bei wem fühle ich mich sicher und geborgen? Wo oder bei wem fühle ich mich warm, wohl und entspannt? Ist es ein Ort? Vielleicht unter einem Baum oder am Meer? In der Badewanne oder Hängematte? Ist es in der Gesellschaft eines Tieres oder mit bestimmten Freunden oder Familie? Ist es ein realer oder Fantasieort, den ich immer wieder innerlich aufsuchen könnte?

Wie fühlt es sich an, mir jetzt vorzustellen, an diesem Ort oder in dieser Gesellschaft zu sein?

Wie verwehre ich mir Sicherheit, Geborgenheit und Wohlgefühl im Alltag? Warum?

Wenn ich mich danach sehne, wie kann ich diese Aspekte mehr leben?

Liebe und sanfte Freude

Wann, wo oder bei wem geht mein Herz auf?

Was liebe ich?

Von wem fühle ich mich geliebt, so wie ich bin?

Wie fühlt sich das an, wenn ich mir das jetzt vorstelle?

Wie verwehre ich mir Freude? Wie verwehre ich mir zu lieben oder geliebt zu werden? Warum?

Wenn ich mich danach sehne, wie kann ich mein Herz freudvollen Dingen, mir selbst und anderen gegenüber im Alltag mehr öffnen?

Verbundenheit und Zugehörigkeit

Wann, wo und bei wem fühle ich mich als Teil der Gruppe, der Menschheit, ohne irgendetwas dafür leisten zu müssen? Einfach so, weil ich bin, wie ich bin.
Wie fühlt sich das an, wenn ich mir das jetzt vorstelle?
Wie verwehre ich mir Zugehörigkeit und Verbundenheit?
Wie grenze ich mich aus, isoliere mich? Warum?
Wenn ich mich danach sehne, wie kann ich diese Aspekte mehr leben?

Umsorgt sein

Mit wem erlebe ich Fürsorge auf hilfreiche Art und Weise? Wem gebe ich Fürsorge und wann fühle ich mich genährt dabei? Vielleicht indem ich für ein geliebtes Kind da bin oder die Katze oder den Hund liebevoll versorge oder die Blumen gieße?
Von wem erfahre ich Fürsorge und fühle mich genährt dabei? Vielleicht von einem Nachbarn, der mir hilft, einem Tier, das mir Streicheleinheiten schenkt, oder einem Freund, der für mich da ist?
Wann, wo und mit wem fühle ich mich umsorgt?
Gab es vielleicht Menschen in der Vergangenheit, die mir dieses Gefühl gegeben haben? Vielleicht Oma, Opa, Tante oder ein Lehrer oder auch ein Vorbild, der diese Eigenschaften verkörpert, obwohl ich die Person nie getroffen habe?
Wie fühlt es sich an, sich jetzt vorzustellen, diese Fürsorge zu empfangen?
Wie verwehre ich mir Fürsorge? Warum?

Wenn ich mich danach sehne, wie kann ich Umsorgtsein im Alltag mehr erleben?

Ruhe, Mut, Kraft und Stärke

Wann, wo oder bei wem fühle ich mich ruhig, stark, mutig und gelassen?

Was oder wer macht mich wirklich stark?

Was schenkt mir Mut und Kraft, Dinge anzugehen, die schwierig sind, die der Klarheit und der Ausdauer bedürfen?

Wie verwehre ich mir diese Eigenschaften? Warum?

Wenn ich mich danach sehne, wie kann ich diese Aspekte mehr leben?

....

Unser mitfühlendes Selbst entdecken

Ralf wurde bewusst, dass er nur getrieben war, die Anerkennung seines Chefs und seiner Kollegen zu bekommen, um ihnen zu beweisen, dass er der Beste war. Das kam ihm auf einmal absurd vor, aber doch vertraut. All seine beruflichen Leistungen waren immer angefacht von dem Wunsch, Lob und Wertschätzung zu erhalten. Seinem Vater fiel es bis heute schwer, auch nur ein anerkennendes Wort auszusprechen. »Nicht geschimpft ist genug gelobt«

war die Devise seiner Eltern. »Geschimpft« wurde jedoch umso mehr, wenn man etwas nicht richtig oder dem eigenen Willen entsprechend gemacht hatte. Als er erforschte, was er sich in diesen Momenten sehnte zu hören, kam ihm das Bild seines Fußballtrainers aus der Jugend in den Sinn. Der konnte die Jungs loben, sich mitfreuen, war gelassen, auch wenn das Team mal verlor, und kümmerte sich um alle so, als ob es seine eigenen Söhne wären. Egal was einem auf dem Herzen lag – ob Zoff zu Hause, schlechte Noten oder Liebeskummer –, er hatte immer ein Ohr und auch meist einen weisen Rat. Auch bei Streit in der Mannschaft schlichtete er und gab allen das Gefühl, dazuzugehören und ein wichtiger Teil des Teams zu sein.

Ralf schloss die Augen und ließ ein lebhaftes Bild seines Trainers entstehen, so als ob er ihm jetzt gegenüberstehen würde. Er sah, wie dieser ihn freundlich ansah und ihm ermutigend die Hand auf die Schulter legte.

Ralf spürte, wie er sich beruhigte und es ihm warm im Herzen wurde. Ralf fragte sich: Was wären jetzt Worte, die mich unterstützen würden? Trainer, was sagst du? »Lieber Ralf, du warst schon immer ein prima Kerl, weil du schlau, ehrlich, hilfsbereit und witzig bist. Was stresst du dich denn da zu Tode? Du bist doch so oder so ein toller Kerl. *Take it easy.* Du musst niemandem etwas beweisen. Ich mag dich so, wie du bist!« Die Worte waren eine Wohltat. Er konnte durchatmen, strahlen, und er ließ sich auch weinen. Danach hatte er sich gesehnt und dabei war es die ganze Zeit in ihm gewesen. In Momenten der Selbstverurteilung fragte er sich von nun an: »Was würde mein Trainer sagen?« Das half ihm, seine mitfühlende Stimme zu entwickeln.

Von Ängsten und schmelzendem Schnee

Auf die Frage, wie wir uns Mitgefühl im Leben verwehren und warum, entdecken wir häufig Ängste. Ängste und Ideen darüber, was möglicherweise passieren könnte, wenn wir unser Herz uns selbst und anderen gegenüber öffnen. Ralf hat Angst, schwach zu sein, dass andere ihn angreifen können und er nichts mehr auf die Reihe kriegt. Sabine hat Angst, dass sie sich dann von anderen abhängig macht. Andere Ängste sind, dass wir egoistisch werden oder dass andere uns nicht mehr respektieren. Manchmal kommt auch das Gefühl auf, dass wir Mitgefühl nicht verdienen. All diese Ängste und Ideen sind nichts Ungewöhnliches, und ich lade Sie ein, sie wahrzunehmen und zu beobachten, was mit Ihnen passiert, wenn Sie Selbstmitgefühl üben. Wir stellen dann meist fest, dass diese Ängste sich nicht bewahrheiten.

Schritt für Schritt vorgehen

Auch wenn Mitgefühl etwas Stärkendes und Wohltuendes ist, so können doch zu Beginn auch belastende Gefühle auftreten, die wir lange verdrängt haben. Häufig spüren wir z. B. Trauer darüber, was wir uns im Leben alles verwehrt haben, oder darüber, wie hart wir zu uns waren. Ängste und Unsicherheiten können erst einmal stärker werden, da wir gewohnt sind, belastende Emotionen in unserem Herzen einzuschließen. Auf einmal ist die Tür auf und wir sehen und spüren alle Gefühle. Das ist ein Zeichen von Heilung. Wichtig ist dabei, geduldig in seinem eigenen Tempo zu gehen. Wie einer meiner Patienten zu mir sagte:

Es ist eine Evolution, keine Revolution.

Ein hilfreiches Bild kann sein, dass wir das Sonnenlicht auf unser unterkühltes Herz strahlen lassen, das das Eis und den Schnee wie im Frühjahr stufenweise schmelzen lässt. Darunter tauchen dann unsere versteckten Gefühle auf. Belastende ebenso wie freudvolle!

Sie entscheiden über die Stärke des Sonnenlichtes und die Temperatur. Es soll sich wohlig für Sie anfühlen – nicht zu heiß und nicht zu kalt.

Es ist wichtig zu wissen, dass sich aus unserem Herzen nicht allein die belastenden Emotionen ausschließen lassen. Wenn wir also belastende Emotionen aus unserem Erleben verdrängen, dann verdrängen wir alle anderen Emotionen mit. Auch die schönen! Freude, Begeisterung und Auftrieb, Liebe, Verbundenheit, Entspannung, Zufriedenheit und Spaß verschwinden ebenfalls.

ÜBUNG

Der Sonnenschein der Liebe

Schließen Sie die Augen und sehen Sie vor sich ein Lebewesen, was einfach und unkompliziert ein Lächeln auf Ihr Gesicht zaubert, wenn Sie daran denken. Ein geliebtes Kind oder Tier vielleicht.

- Genießen Sie dessen Gegenwart. Wie fühlt sich Ihr Körper an?
- Bestärken Sie das Wohlwollen durch Worte, die Sie wie einen Segen innerlich an das Wesen richten: »Möge es dir wohlergehen. Mögest du zufrieden sein. Mögest du sicher und geborgen sein …«

- Legen Sie eine Hand aufs Herz und sehen Sie sich mit dem Wesen zusammen. »Mögen es uns beiden wohlergehen, mögen wir beide zufrieden sein, mögen wir beide sicher und geborgen sein …«
- Richten Sie die Aufmerksamkeit nur auf sich. Spüren Sie, wie Ihr Atem durch die Herzregion fließt. »Möge es mir wohlergehen. Möge ich zufrieden sein. Möge ich sicher und geborgen sein …« Oder formulieren Sie einen persönlichen Segenswunsch, der Sie gerade am meisten unterstützt.

3

Die vier
Herzensqualitäten

*Selbstmitgefühlspraxis beruht auf dem Prinzip,
uns unseren Schwierigkeiten zuzuwenden, statt
sie wegzudrücken.* Dafür ist es notwendig, überhaupt zu sehen, was in uns geschieht, und es erst
einmal so sein zu lassen, wie es ist, ohne es sofort
verändern zu wollen. Wir üben gelassenes Gewahrsein und schaffen damit einen inneren Raum.
All unsere Gedanken, Gefühle und Empfindungen
haben dort Platz, so zu sein, wie sie sind. Um diesen Raum offen und geräumig zu halten, erfüllen
wir ihn mit der Wärme der Liebe und des Mitgefühls. Ansonsten kühlt der Raum ab und zieht sich
zusammen. Dann sind wir auf engstem Raum mit
unseren Gedanken, Gefühlen und Empfindungen
zusammengezwängt und verstricken uns gezwun-
genermaßen darin. Wir verlieren den Überblick,
beginnen uns in Sorgen und Selbstvorwürfen zu
verheddern. Der gestörte Hausfrieden ist aufgrund

von mangelndem Raum und Wärme vorprogrammiert!

Wenn wir starkes Leid erleben und uns Schmerz, Trauer, Angst, Ohnmacht, Scham oder Verzweiflung ganz im Griff haben, dann fällt es uns oft schwer, diese Offenheit zu bewahren. Unser Gewahrsein wird meist plötzlich eng und »unterkühlt«. In solchen Momenten kann es helfen, uns ganz bewusst liebevoll zu umsorgen. Selbstmitgefühl hilft uns, unser Gewahrsein zu »erwärmen« und zu öffnen.

In der buddhistischen Psychologie werden die *Vier Unermesslichen Herzensqualitäten* (Pali: *brahmavihara-bhavana*) beschrieben, die den Raum des offenen Gewahrseins erfüllen. Liebende Güte *(metta)*, Mitgefühl *(karuna)*, Mitfreude *(mudita)* und Gleichmut *(upekkha)* beschreiben verschiedene Aspekte einer freundlichen Verbundenheit mit allen Lebewesen und wirken so eng zusammen. Die Kultivierung dieser Qualitäten ist das Fundament für die Selbstmitgefühlspraxis.

Liebe:
die Wärme und Kraft
des Sonnenlichtes

Liebe oder liebende Güte bedeutet Wohlwollen oder Freundlichkeit allen Lebewesen gegenüber – auch uns selbst. Sie ist erfüllt von der Erkenntnis, dass jedes Lebewesen mit dem selbstverständlichen Wunsch geboren wurde, dass es ihm oder ihr wohlergehen möge, dass es gut leben möge. Wer teilt diesen Wunsch nicht? Liebe bezieht sich nicht auf eine besitzergreifende oder exklusive romantische Liebe. Man kann sie mit der bedingungslosen Liebe vergleichen, die eine Mutter ihrem neugeborenen Kind gegenüber empfindet: aufmerksam, einfühlsam, nährend, ohne Anforderungen oder Erwartungen. Anstatt dem anderen etwas Böses zu wollen oder gleichgültig zu sein, erkennen wir etwas Gutes im anderen, sodass der natürliche Wunsch in uns angeregt wird, dass es dem anderen wohlergehen möge. Liebe bezieht sich auf die innere freundliche Ausrichtung unseres Herzens. Wenn wir uns selbst freundlich begegnen, dann öffnet das unser Herz automatisch auch für Freundlichkeit anderen gegenüber. Das sanfte Lächeln, das wir uns selbst schenken, teilen wir mit anderen.

Selbstfreundlichkeit ist keine Selbstverliebtheit. In einem Zustand der Pseudo-Selbstliebe kreisen wir nur um uns und stellen uns über die anderen, sodass wir Liebe exklusiv für uns in Anspruch nehmen und sie mit niemandem teilen können. Liebe hingegen will nichts von uns und wird trotzdem allen zuteil.

Mitgefühl: getröstet vom Sonnenlicht

Mitgefühl entsteht, wenn Liebe auf Leid trifft und ihre liebevolle Qualität bewahrt, sagt der Psychologe Chris Germer. Wenn ein Kind krank, verängstigt, traurig oder ungezogen ist, dann bedarf es der Liebe der Mutter, die es umsorgt, tröstet oder ihm auch mit liebevoller Strenge Grenzen aufweist. Die Mutter handelt immer aus Liebe zum Kind und bleibt ihm zugewandt, egal was es macht. Die anglogermanischen Ursprünge des Begriffs Barmherzigkeit veranschaulichen die Bedeutung: »Das Gefühl, ein Kind auf dem Schoß zu haben/an die Brust zu legen«. Aus dem selbstverständlichen Wunsch heraus, dass es allen Lebewesen wohlergehen möge, wächst angesichts des Leids der Wunsch, dass alle Lebewesen frei von Leid sein mögen.

Jemanden zu bemitleiden ist nicht mitfühlend. Wir schauen auf die Person herab, um uns in Sicherheit zu wiegen, dass uns das nicht passieren könnte. Es fehlt die Mitmenschlichkeit. Ein Bewusstsein, dass Leid zu jedem menschlichen Leben dazugehört, kann uns helfen, einander ohne Schuldzuweisungen mitfühlend zu begegnen.

Oft wird mit jemandem mitzuleiden mit Mitgefühl verwechselt. Neurowissenschaftliche Studien zeigen, dass Mitleiden und Mitgefühl verschiedene Hirnareale aktivieren.[12] Mitleiden wird als negatives, energieziehendes Gefühl erlebt, da wir selbst nur Schmerz empfinden und uns darin verlieren. Mitgefühl dahingegen wird als positives, energiegebendes Gefühl erlebt. Liebe und Perspektivübernahme helfen uns, fürsorgliche Energie zu entwickeln und uns gleichzeitig aus der Beobachterperspektive in den anderen hineinzuversetzen – ohne uns dabei in den Verstrickungen des Leids zu verlieren.

Mitgefühl ist das Gegenteil von Grausamkeit. Der mitfühlende Mensch lindert aus Liebe Leid; der grausame Mensch fügt aus Hass oder Gleichgültigkeit Leid zu. Mitgefühl entsteht, wenn wir mutig sind und unser Herz vom Leid berühren lassen, sodass etwas darin schmilzt, statt zu verhärten.

Mitfreude: aufblühen durch das Sonnenlicht

Mitfreude ist die Fähigkeit, etwas Schönes wertzuschätzen und sich an dessen Entfaltung zu erfreuen. Mitfreude erhebt und belebt das Herz. Stellen Sie sich eine Mutter vor, die sich an ihrem Kind und dessen aufkeimenden Fähigkeiten und Bemühungen erfreut. Das Kind zeigt der Mutter ein Bild, das es gemalt hat. Wenn die Mutter sich daran erfreut, blühen das Kind und sein Selbstvertrauen förmlich auf. Im Bewusstsein, dass Leid zum Leben dazugehört, nehmen wir die schönen und freudvollen Erfahrungen im Leben bewusst wahr, um das Leben in seiner Gesamtheit zu erleben – »zehntausend Freuden und zehntausend Sorgen«. Dies wenden wir auch auf uns selbst an: Anstatt uns nur auf unsere Schwächen zu fokussieren, erfreuen wir uns auch an unseren Stärken und denjenigen Eigenschaften, die wir an uns schätzen. Diese Selbstwertschätzung ermöglicht es uns, uns am Wertvollen in anderen und an ihrer Freude mitzufreuen, anstatt sie zu beneiden. Da Mitfreude am Kostbaren in uns immer ein Gewahrsein unserer Schwächen miteinschließt, ist es nicht mit

Überschwänglichkeit zu verwechseln, die sich aus Angst vor Leid am Freudvollen festhält.

Gleichmut: der geräumige Himmel

Gleichmut wirkt dem natürlichen Drang entgegen, krampfhaft an Schönem festhalten und Unangenehmes vermeiden zu wollen. Aus einer tiefen Verbundenheit mit allem und einem tiefen Verständnis der Vergänglichkeit der Dinge heraus kann eine Gelassenheit und Urteilsfreiheit entstehen, die in der Lage ist, alles, was einem widerfährt, mit offenem, gleichmütigem Herzen zu empfangen. Gleichmut ist nicht mit Gleichgültigkeit, Passivität oder Resignation zu verwechseln; es ist das Fundament der tiefen Urteilsfreiheit, Ruhe und Gelassenheit, auf der Liebe, Mitgefühl und Mitfreude gedeihen. Es ist die Haltung der liebenden Mutter, die ihr reifes Kind in das erwachsene Leben verabschiedet und seinen eigenen Weg gehen lässt. Sie weiß, dass es Freuden und Leid erleben wird; sie kann ihm die Schmerzen nicht abnehmen, sosehr sie sich auch wünscht, dies tun zu können. Sie hört nie auf, ihr Kind zu lieben, sich mitzufreuen und mitzufühlen, aber sie haftet nicht an ihrem Kind an.

Uns dem Fluss des Lebens anzuvertrauen, ohne zu wissen, wo die Reise hingeht, ist nicht resignativ, sondern weise. Wir meiden nicht Verantwortung oder handeln rücksichtslos, sondern hören auf, die Dinge, die nicht in unserer Macht stehen, zu kontrollieren, indem wir gegen Leid ankämpfen oder uns an Freudvollem festklammern. Loszulassen ist schwierig und erscheint fast unmöglich, wenn ich vor lauter Angst festhalten will. Wenn wir aufhören, gegen den Strom von Leid im anderen oder in uns anzuschwimmen, dann können wir unsere Gefühle besser spüren, sie durch uns hindurchfließen lassen und uns dabei liebevoll umsorgen, bis sich das Gefühl verwandelt. Wir können uns gewahr werden, dass jeder Mensch Kummer erlebt und dass Leid vorübergeht, sich verwandelt und wir es durch Mitgefühl lindern können.

Diese weisen Einsichten können helfen, unsere Widerstände zu reduzieren und mit dem, was ist, zu sein, ohne zu urteilen oder es anders haben zu wollen. Den Widerstand loszulassen setzt nicht nur die Energie frei, die wir aufgewendet haben, um an etwas festzuhalten oder gegen etwas anzukämpfen, sondern auch unsere Lebensenergie allgemein, die so ungehinderter fließen kann. Diese Energie können wir dann einsetzen, um uns zu freuen und um aktiv zu helfen, falls es das braucht.

> **Gleichmut ist das Herz,**
> **das bereit ist für alles.**

Von Himmel, Sonne, Regen und Blüten

Ich habe für mich die vier Herzensqualitäten in einem Bild zusammengefasst, das aufzeigt, wie sie alle zusammenwirken. *Gleichmut* ist der blaue Himmel, das All. Er ist geräumig und hat unendlich viel Platz für alles – für Wolken, Sonne und andere Gestirne. Er ist immer da, der große strahlende Raum, auch wenn wir ihn aufgrund von Wolken voller Sorgen und Kummer zeitweise nicht sehen können oder sogar vergessen, dass es ihn gibt. *Liebe* ist das Sonnenlicht. Es wärmt und schenkt Leben auf der Erde. Es strahlt bedingungslos auf alles und jeden, es behandelt uns alle gleich. Wenn das Sonnenlicht der Liebe auf die regengleichen Tränen des Leides trifft und liebevoll bleibt, dann entsteht der Regenbogen des *Mitgefühls*. Wenn das Sonnenlicht der Liebe auf eine Knospe des Schönen und Wertvollen fällt und liebevoll bleibt, dann erblüht die Blüte der *Mitfreude* und bereitet noch mehr Freude.

4

Ganz Mensch sein

Kennen Sie dieses unterschwellige Gefühl, nicht ganz so erfolgreich oder nicht ganz so sportlich oder so gut aussehend zu sein, wie Sie es vielleicht sein könnten oder sollten? Wenn wir diesem Gefühl lauschen, dann sagt es: »Du bist nicht gut genug so, wie du bist. Alle anderen sind besser.« Wenn unser Kind weniger artig oder mutig ist als die anderen Kinder im Kindergarten, fühlen wir uns wie eine schlechte Mutter oder ein schlechter Vater. Während auf der Arbeit andere die Beförderungen einstreichen, wächst mit unserer To-do-Liste auch das Gefühl, nicht ausreichend effektiv, intelligent oder souverän zu sein. Im Vergleich zu den Berühmtheiten, die sich in den Medien tummeln, fühlen wir uns in unseren Körpern hoffnungslos unsexy und unmodisch. Eine hartnäckige Stimme in unserem Kopf raunt: »Es fehlt dir der Job/der Titel/der Körper/der Partner/die Kinder/das Haus/das Auto/die Reise usw., um wirklich zufrieden und erfüllt zu sein. Du musst dich mehr anstrengen, um diese Dinge zu erreichen.«

Nie gut genug

Es ist oft dieses latente Gefühl von Mangel und Unzulänglichkeit, das die treibende Kraft hinter unseren Bemühungen ist, in der Arbeit mehr zu leisten, unseren Körper durch Fitness und Diäten zu optimieren, unser Aussehen dem aktuellen Trend anzupassen oder die Gesellschaft von Menschen zu suchen, durch die wir uns mehr Anerkennung und Ansehen erhoffen.

Immer wieder suchen Menschen bei mir psychotherapeutische Unterstützung, die im Leben »alles« erreicht haben: Sie sind beruflich erfolgreich, angesehen, oft glücklich verheiratet mit Kindern und erfreuen sich zudem meist guter körperlicher Fitness. Nach außen erscheint das Leben perfekt. Der Blick nach innen offenbart jedoch Leere, Unzufriedenheit, Selbstzweifel und manchmal massive Minderwertigkeitsgefühle. Wenn wir gemeinsam die Lebensgeschichte betrachten, entdecken wir häufig, dass das Gefühl, »nicht gut genug zu sein«, die unsichtbare treibende Kraft hinter wichtigen Entscheidungen in ihrem Leben war.

Warum führt dieses Gefühl zu Unzufriedenheit, wenn es uns doch Zufriedenheit verspricht? Erinnern wir uns an den Grundbauplan des menschlichen Organismus, der für das Überleben in Notzeiten optimiert wurde. Für unsere Vorfahren war es höchst hilfreich, dass der Geist dazu neigt, einen Mangel an Ressourcen wie Nahrung oder eine mögliche Gefahr wie Raubtiere schnell wahrzunehmen und darauf zu fokussieren, bis der Mangel oder die Gefahr behoben ist. All die Ressourcen und Gaben, die bereits vorhanden sind, all die Dinge und Beziehungen, die problemlos laufen und die das Leben durch ihre Funktion, Schönheit, Freude und Liebe bereichern, können in diesem Geisteszustand jedoch nicht wahrgenommen werden. Die buddhistische Psychologie bezeichnet ihn als »Armutsmentalität«.

Unser Geist erlebt sich im Mangelzustand, da er etwas gefunden hat, das fehlt oder nicht stimmt, und dabei alles vergisst, was da ist, was stimmt und gut läuft. Die Industrie und die Werbung nutzen das Steinzeitdesign unseres gierigen Gehirns, um neue Lösungen für bisher unbekannte Bedürfnisse zu schaffen. Oder dachten Sie wirklich vor zehn Jahren, dass Sie je das Gefühl haben würden, ein Smartphone zu brauchen?

Unser Mangel- und Ressourcen-fokussiertes System gibt uns ein vorwiegend Dopamin-induziertes Gefühl von freudiger Erregung oder einem »High«, wenn wir den Mangel durch die neue Ressource behoben haben. Kennen Sie das gute Gefühl, direkt nachdem Sie ein Arbeitsprojekt erfolgreich abgeschlossen haben oder sich ein neues Paar Schuhe oder das neueste Smartphone gekauft haben? Es gleicht dem Gefühl der anfänglichen Verliebtheit: ganz aufgeregt und begeistert. Leider hält dieses Gefühl nicht lange an, da es zur Nahrungsbeschaffung angelegt wurde und wir nach ein paar Tagen wieder jagen und sammeln gehen müssen, wenn die Nahrungsvorräte aufgebraucht wurden. Bis das Gefühl abgeflacht ist, ist aber bereits ein neuer Anreiz in Form einer neuen Kollektion oder Version, einer beruflichen Aufstiegsmöglichkeit oder eines neuen attraktiven Schwarms erschienen, durch deren »Erwerb« wir uns wieder den nächsten kurzlebigen Kick holen könnten. Die langfristige Befriedigung, die wir uns erhoffen, stellt sich jedoch nicht ein.

Die Fokussierung auf Status oder auf materielle Dinge ist an sich nicht problematisch (abgesehen von den Kosten). Sie kann jedoch zum Problem werden, wenn sie für die Aufrechterhaltung des Selbstwertgefühles notwendig wird. Wie würden wir uns ohne das Auto/das Smartphone/modische Outfits/eine gute und durchtrainierte Figur/den angesehenen Job fühlen? Wie wir aus der Evolutionspsychologie und Neurowissenschaft wissen, hungert jeder von uns (mal mehr, mal weniger bewusst) nach Liebe, Anerkennung und Wertschätzung von anderen und versucht, sich diese durch Steigerung der Attraktivität und des Ansehens zu sichern. Ein Streben nach Mehr und Besser ist das Ergebnis. Wir steigern die Erwartungen an uns, an unsere Kollegen, unsere Partner in den Bereich des Unerreichbaren, sodass gut genug nie gut genug sein kann, denn es ginge ja immer noch besser.

Im Zeitalter der »unbegrenzten Möglichkeiten« führt die Illusion, dass wir selbst und unsere Lebensumstände grenzenlos verbesserbar seien, zu Leistungsdruck, Wettbewerb, ständigem Vergleichen und schlussendlich zu Unzufriedenheit. Das ist Perfektionismus.

Das Problem liegt also darin, dass wir ein Bedürfnis in uns von außen gestillt haben wollen.

Es ist, als ob wir leere Kalorien konsumieren, die uns nicht satter, sondern hungriger machen.

Den Mangel erforschen

Gibt es einen oder sogar mehrere Bereiche, in dem Sie sich nicht genug fühlen, das Gefühl haben, es stimmt etwas nicht mit Ihnen, dass Sie anders oder besser sein müssten?

- Körper (Aussehen, Gesundheit, Fitness)
- Persönliche Eigenschaften (Intelligenz, Temperament, Manieren, Umgangsweisen)
- Beziehungen (Freundschaften, Partnerschaft, Familie)
- Bildung und Beruf (Ausbildung, Wissen, Position, Gehalt, Leistung)
- Freizeit (Reisen, Hobbys, Kultur)
- Materieller Besitz (Zuhause, Auto, anderer Besitz)

Wählen Sie einen dieser Aspekte aus, den Sie erforschen möchten.
Was genau lehnen Sie in diesem Zusammenhang an sich ab und warum?
Was wäre Ihr Wunschziel?
Was steht zwischen Ihnen, wie Sie jetzt sind, und dem Gefühl zu genügen?
Vervollständigen Sie den Satz:
Wenn ich nur ...., dann würde ich mich gut genug fühlen.

Stellen Sie sich vor, Sie würden dieses Wunschziel nie erreichen. Wie würde sich das anfühlen? Was würde das über Sie aussagen?
Was wäre Ihre größte Angst, was passieren könnte?

Höchstwahrscheinlich verspüren Sie nach dieser Erforschung Unbehagen. Viele Menschen entdecken unter ihrem Streben nach Mehr, Besser oder Anders eine Angst zu versagen, verachtet oder von allen ausgegrenzt und verlassen zu werden.

Dies ist zutiefst menschlich, da wir für unser Überleben auf die Liebe und die Wertschätzung anderer angewiesen sind. Es stellt sich jedoch die Frage: Würden Sie durch das Erreichen des Wunschzieles wirklich nachhaltige Liebe und Wertschätzung erhalten? Oder nur kurzfristig den Hunger stillen? Nach was hungern Sie? Was würde Ihren Hunger langfristig stillen? Was wäre die »gesunde Nahrung«, die diese Angst beruhigen würde? Was wäre wirklich nahrhaft? Der perfekte Körper oder die Beförderung? Oder vielleicht den Mut zu haben, sich in seiner Verletzlichkeit und Unsicherheit einer lieben Freundin oder einem lieben Freund anzuvertrauen, sich sicher, geliebt und respektiert zu fühlen so, wie Sie sind – ohne besser oder anders sein zu müssen, ohne mehr haben oder darstellen zu müssen. Können Sie sich vorstellen, wie es wäre, all das Streben und Kritisieren für einen Moment ruhen zu lassen, nur für einen Moment lang sich so sein zu lassen, wie Sie jetzt sind?

Stellen Sie sich vor, Sie sähen sich aus der Perspektive der lieben Freundin oder des lieben Freundes. Würde er oder sie nicht mehr sehen als nur den Mangel? Sind Sie nicht so viel mehr? Lassen Sie sich all das sehen und spüren, was in Ihnen und in Ihrem Leben gut ist, wie es ist, und was Sie aus dem Blick verloren hatten. Wie fühlt es sich an zu sagen:

> »Ich mag nicht perfekt sein, aber Teile von mir sind ausgezeichnet!«

Die Palliativpflegerin Bronnie Ware, die über Jahrzehnte Menschen beim Sterben begleitet hat, veröffentlichte ihre Erfahrungen in dem Buch *5 Dinge, die Sterbende am meisten bereuen*[13]. Eines der fünf Versäumnisse, die Menschen am Ende ihres Lebens bereuten, war, nicht den Mut aufgebracht zu haben, ihr eigenes Leben zu leben, und dass sie stattdessen ihr Leben entsprechend der Erwartungen anderer zugebracht hatten. Die Allgegenwärtigkeit dieser Neigung, sich nach der Anerkennung anderer auszurichten, zeigt uns, dass wir bewusst daran arbeiten müssen, nicht mehr vor uns wegzulaufen, sondern zu uns nach Hause zu kommen.

Scham und Verletzlichkeit verstehen

Sie erinnern sich, wie erbärmlich sich Sabine fühlte, nachdem sie sich mit noch mehr Süßigkeiten für ihre gescheiterte Diät »getröstet« hatte. Sie war von sich selbst angewidert und konnte es kaum ertragen, sich im Spiegel anzuschauen. Eine Freundin rief an, aber sie nahm nicht ab, da sie mit niemandem reden wollte – aus Angst, von anderen für ihr Versagen beschimpft zu werden. Sie wollte nicht, dass irgendjemand sie so sehen oder davon erfahren würde. Resigniert und antriebslos lag sie auf dem Sofa, bis sie einschlief.

Als sie sich am nächsten Morgen im Spiegel betrachtete, merkte sie, wie sehr sie sich für ihren Körper schämte und wie verhasst er ihr war. Es fielen ihr all die herablassenden Kommentare ein, die sie schon als Jugendliche von anderen Kindern und von ihren Eltern bezüglich ihres Körpergewichts gehört hatte. Schon damals hatte sie sich mit Süßigkeiten getröstet. In diesem Moment hatte sie Mitgefühl mit der jungen Sabine, deren Körper sich in der Pubertät ohne ihr Zutun plötzlich verändert hatte und die den Gemeinheiten der anderen hilflos ausgesetzt gewesen war, ohne dass sie bei irgendwem Trost oder Schutz hätte finden können.

All unser Streben nach Perfektion, nach Besondersein, nach Bessersein, nach Starksein führt schlussendlich zu emotionaler Belastung, wenn es von der Angst getrieben wird, nicht geliebt zu werden, wenn wir einen Fehler machen, mittelmäßig sind, verlieren oder Schwäche zeigen. Es dient als Schutzmechanismus, der uns so lange Sicherheit gewährt, wie wir uns erfolgreich, attraktiv, beliebt und stark fühlen.

Was passiert aber, wenn etwas dieses Gefühl infrage stellt? Sabine fühlte sich stark und erfolgreich, bis sie in ihren Augen scheiterte und sich dafür als schwach verurteilte. Dann schämte sie sich für das, was passiert war. Scham beschreibt ein zutiefst unangenehmes Gefühl von Bloßgestelltsein, Minderwertigkeit und Ausgegrenztsein. Wir glauben, auf andere unattraktiv, verabscheuenswürdig oder sonderbar zu wirken, und haben Angst, ausgestoßen, gedemütigt oder bestraft zu werden. Scham gibt uns das Gefühl, verletzlich und angreifbar zu sein. Stellen Sie sich vor, Sie müssten vor einem großen Publikum ein wohlgehütetes Geheimnis von sich preisgeben. Etwas von sich erzählen, von dem Sie nicht wollen, dass es andere jemals erfahren, weil Sie Angst haben, dafür geächtet zu werden. Scham geht meist mit einem Fluchtimpuls einher, so als wolle man im Erdboden versinken und das Geschehene vergessen machen. Vielleicht ahnen Sie, wie unangenehm und bedrohlich Scham ist und wie schnell wir Schutzwälle aufbauen, um diese schlimme Verletzlichkeit nicht zu spüren. Scham versteckt sich gerne hinter Schuldzuweisungen, Wut, Arroganz, Alkohol- und Essproblemen sowie sexueller Promiskuität und macht sich auf diese Weise gleichsam unsichtbar.

Der Sinn hinter der Scham

Scham hat wie jede Emotion eine Funktion. Wenn Menschen Dinge tun, die von der Gesellschaft als verachtungswürdig gesehen werden, dann wird die Person durch Beschämung geächtet, um zu signalisieren: »Wenn du zu unserer Gruppe dazugehören willst, dann musst du dich gefälligst an die Regel halten!« Scham ist ein sozialer Regulationsmechanismus, der uns sicherzustellen hilft, dass wir akzeptiert werden und somit zu der Gruppe gehören, die wir zum Überleben benötigen.

Nachdem Scham jedoch ein so schmerzhaftes Gefühl ist, haben wir automatische Schutzreaktionen entwickelt, um nicht in beschämende Situationen zu kommen: Vermeiden durch Verdrängung, Ablenkung, Beschönigen oder Lügen, Rückzug sowie Unterwerfung, indem man immer »lieb und nett« ist oder indem man sich selbst regelmäßig maßregelt. Leider fördern Scham und die daraus resultierenden Schutzreaktionen psychische Erkrankungen. Die Angst vor der sozialen Ausgrenzung hat immer noch mehr Macht über uns, als wir es in unserer individualisierten Gesellschaft vermuten würden.

Scham beinhaltet eine Verurteilung unserer gesamten Person. Wenn wir scheitern oder einen Fehler machen, dann schlussfolgern wir meist recht schnell, dass dieser Fehler etwas über uns als Person aussagt (»Ich bin ein schlimmer Mensch«) – eher, als den Fehler als ein punktuelles Fehlverhalten anzusehen, das von einer Reihe von Faktoren beeinflusst war, die nur teilweise unserer Kontrolle unterstanden (»Ich habe einen Fehler gemacht«). Wenn wir von wichtigen Bezugspersonen in der Kindheit beschämt wurden, dann sind wir als Erwachsene anfälliger dafür, Scham zu empfinden. Anstatt für ein bestimmtes Verhalten zu tadeln (»Das macht mich traurig, dass du mich angelogen hast. Warum hast du mir nicht die Wahrheit sagen wollen?«), vermittelt Vater oder Mutter dem Kind ein Bild von sich selbst, das keinen Raum für Gutes lässt (»Du bist und bleibst ein Lügner. Keinen Funken Moral!«). Eine solche absolute Verurteilung kann eine vernichtende Wirkung auf unser Selbstwertgefühl und Selbstvertrauen haben.

Der mitfühlenden Retter für dunkle Momente

Scham liegt häufig vielen belastenden Emotionen zugrunde, ist aber deshalb selbst meist schwer zu entdecken. Ein Grund dafür scheint zu sein, dass frühes Beschämtwerden von Bezugspersonen zum Vermeiden des eigenen Erlebens führt, was wiederum Depressionen fördert. Um sich vor dem Schmerz des Beschämtwerdens zu schützen, wird nach und nach die gesamte Empfindungsfähigkeit heruntergeregelt. (Sie erinnern sich: Die Psyche kann nicht nur eine bestimmte Emotion »abschalten«.)

In einem Zustand von Scham fühlt sich das minderwertige Selbst ganz getrennt von allen anderen, sodass es keinen Zugang zu Fürsorge, Akzeptanz oder Verbundenheit hat – weder von außen noch von innen. Aufgrund des intensiven Bedrohungszustandes kann die Wahrnehmung so verengt sein, dass der »Beobachter« verschwindet: Wir können keine größere Perspektive einnehmen, um die Situation zu relativieren. Scham übermannt uns, nimmt uns ganz ein. Wir haben uns klein gemacht oder sind gar ganz im Erdboden versunken.

Was braucht es also, um sich selbst in einem Moment der Scham in liebevollem Gewahrsein zu halten? Es braucht jemanden, der unsere Menschlichkeit wiedererweckt! Ein Gegenüber, das uns aus diesem schwarzen Loch, in dem wir versunken sind, herausrettet! Jemand, der mutig genug ist, mit uns in dieses schwarze Loch hinabzusteigen, und uns den Weg zurück ans Tageslicht zeigt. Dem wir uns anvertrauen und zeigen können in all unserer Verletzlichkeit! Das kann nicht irgendwer sein, oder? Diese Person muss besondere Eigenschaften haben.

Ein idealer mitfühlender Freund

Diese Übung habe ich von dem englischen Psychologen Paul Gilbert adaptiert. Ziel ist es, ein mitfühlendes Wesen zu imaginieren, das mit uns an Orte geht, vor denen wir uns selbst fürchten oder wo wir uns selbst verlieren. Es kann ein echter Mensch sein, ein spirituelles Vorbild, ein Fantasiewesen oder ein Tier, Baum oder Licht, welches diese Eigenschaften für Sie verkörpert. Wichtig ist, dass dieses Wesen Sie unterstützt. Seien Sie offen dafür, welche Bilder in Ihnen auftauchen. Verändern Sie die Bilder so, dass Sie sie unterstützen und nicht belasten. Dieses Wesen symbolisiert Ihr eigenes Mitgefühl und Ihre Weisheit.

- Schließen Sie die Augen. Spüren Sie den Kontakt Ihres Körpers zur Unterlage und zum Boden. Lassen Sie sich einige Minuten von Ihrem natürlichen Atemfluss wiegen.
- Stellen Sie sich dann einen Ort vor, an dem Sie sich geborgen und wohlfühlen. Lassen Sie sich mit all Ihren Sinnen dort sein: Was können Sie sehen, riechen, hören? Wie fühlt es sich in Ihrem Körper an, dort zu sein?
- Stellen Sie sich dann vor, dass Ihnen ein besonderes Wesen begegnet, das übermenschliche Kapazität für Mitgefühl und Weisheit besitzt. Dieses Wesen versteht Sie und Ihre Probleme ohne Worte. Es strahlt tiefe Ruhe, Kraft und Weisheit aus. Es nimmt Sie so an, wie Sie sind, und sorgt sich um Ihr Wohlbefinden. Lassen Sie ein Bild entstehen, das sich für Sie passend und unterstützend anfühlt.
- Wie möchten Sie mit diesem mitfühlenden Wesen in Beziehung treten? Wie soll das Wesen mit Ihnen in Beziehung treten?
- Lassen Sie sich das Wohlwollen und die Fürsorge dieses Wesens empfangen und spüren (nehmen Sie

mögliche Widerstände neugierig wahr). Nehmen Sie seinen Gesichtsausdruck und seine Gesten wahr. Was möchte Ihnen Ihr mitfühlendes Wesen vielleicht sagen, um Sie in Ihrer Not zu unterstützen? Lauschen Sie den Worten und der Stimmfärbung.

- Werden Sie sich bewusst, dass dieses Wesen der mitfühlende weise Teil Ihrer selbst ist. Immer in Ihnen vorhanden.

Mut zur Unvollkommenheit

»Fehler sind das Tor zu neuen Entdeckungen.«
James Joyce

Um Mitgefühl bei Scham zu entwickeln, bedarf es als Erstes des Mutes, sich den Aspekten und Verhaltensweisen in uns zuzuwenden, die wir am liebsten leugnen würden. Die gute Nachricht ist, dass wir weniger verletzbar werden, je mehr wir den Mut aufbringen, uns unserer Verletzlichkeit zuzuwenden. Selbstverurteilung, Selbstisolation und Selbstbezogenheit erhalten nicht nur unser emotionales Leid aufrecht, sondern verstärken auch unser negatives Selbstbild. Wir bieten immer mehr Angriffsfläche. Wenn wir unsere verwundeten Gefühle jedoch liebevoll umsorgen, so werden sie kleiner und bieten weniger Angriffsfläche.

Selbstmitgefühl macht uns stark, nicht schwach.

Studien zeigen, dass Scham mit einem erhöhten[14] und Selbstmitgefühl mit einem niedrigen Spiegel von Entzündungsmarkern im Blut einhergeht.[15] Kurzfristige Entzündungsreaktionen sind heilsam für uns. Anhaltende Entzündungsreaktionen machen uns jedoch anfällig für Krankheit. Mitgefühl scheint sowohl das körperliche wie auch das emotionales Immunsystem zu stärken.[7,9,11] Wie eine Abwehrzelle legt sich das Mitgefühl beschützend um das belastende Gefühl herum und setzt den schädlichen Aspekt außer Kraft. Ein starkes Immunsystem zeichnet sich durch eine starke Reaktion auf einen Erreger aus; ein schwaches Immunsystem unterdrückt dahingegen die Reaktion. Genauso ist es falsch verstandene Stärke, Gefühle zu unterdrücken. Gefühle zuzulassen macht stark. Oft bedeutet das Zulassen von belastenden Gefühlen, sich davon berühren zu lassen und vielleicht zu weinen. Wenn wir uns beim Weinen trösten, erleben wir danach meist Ganzkörperentspannung pur.

Ein weiser Krieger hat keine Angst vor seinen Tränen.

Fehler anerkennen

Fehler machen ist menschlich und gehört zum Leben dazu. Aus Sicht der Evolution könnte man sagen, dass Genmutationen Fehler sind. Genmutationen sind jedoch notwendig, da Arten nur dadurch neue Merkmale entwickeln konnten, die ihnen helfen, sich einer neuen Umgebung anzupassen und dort zu überleben. Ohne die »Fehler« der Genmutation hätten viele Arten sich nicht entwickeln und nicht überleben können. Fehler ermöglichen Vielfalt, Flexibilität und neue Entdeckungen. Wie würde ein perfektes, fehlerfreies Leben aussehen?

Der Perfektionist erstrebt das Menschenunmögliche: Fehler zu vermeiden.

Fehler machen ist notwendig, um zu lernen. Gewiss ist dies manchmal ein schmerzlicher Prozess. Oft hält uns unbearbeitete Scham über einen verschuldeten oder nicht-verschuldeten Fehler in einem unheilsamen Kreislauf fest. Anstatt hinzuschauen und zu verstehen, warum der »Fehler« passiert ist, und das, was »schief« gelaufen ist, zu betrauern, wird der Schmerz verdeckt, verdrängt oder anderen die Schuld gegeben. Nur wirkliches Anerkennen unserer Fehlbarkeit und Unvollkommenheit und das Eingestehen kann zu echter, heilsamer Reue und Versöhnung mit uns und mit anderen führen. Was haben Sie durch Ihre »Fehler« im Leben bisher gelernt? Welche wichtige Lebenslektion wäre Ihnen vielleicht entgangen, wenn alles »glatt« gelaufen wäre?

Wir wollen dabei die Schmerzen und Belastungen, die verursacht wurden, nicht beschönigen, sondern diese in einem anderen Licht sehen. Hatten Sie wirklich Schuld? Hätten Sie wissen können, was Sie jetzt im Nachhinein wissen? Können Sie sich erlauben, langsam im Lernen zu sein? Wenn wir aus Fehlern lernen, übernehmen wir Verantwortung für unser Handeln und üben uns in Selbstmitgefühl.

Sich als ganzen Menschen sehen

Es kann traurig machen zu sehen, wie hart wir mit uns umgehen und wie wir uns selbst ins Exil verbannen, wenn uns ein Fehler unterläuft. Dass wir uns oft so verhalten, ist kein persönlicher Fehler, sondern einfach Resultat unserer menschlichen Grundausstattung. Wir können uns jedoch selbst die Hand reichen und uns selbst umarmen, um uns wieder dazugehörig zu fühlen. Ich lade Sie zu einem kleinen Experiment ein:

Suchen Sie einen Raum mit Spiegel auf, in dem Sie ungestört sind und sich sicher fühlen. Schauen Sie sich im Spiegel an, ohne etwas an sich zu beurteilen.

Blicken Sie sich selbst in die Augen. Lassen Sie ein sanftes Lächeln entstehen. Wenn Sie mögen, begrüßen Sie sich innerlich oder laut: »Liebe/Lieber (Name), ich sehe dich. Das bist du. Ein ganz normaler Mensch mit Stärken und Schwächen.«

Lassen Sie sich für die nächsten paar Momente genau so sein, wie Sie jetzt sind. Sich nicht anders haben wollen. Einen Moment aufhören, sich oder den Körper zu bekämpfen. Waffenstillstand. Ganz genau so. Ein ganzer Mensch, kein halber. Vollkommen in seiner Unvollkommenheit. Wie wir alle. Betrachten Sie sich mit dieser Haltung für ein paar Momente im Spiegel.

Wie fühlt sich das an?

Leonard Cohen singt in einem Lied: »There is a crack in everything/that's how the light gets in« (Alles hat einen Riss/So scheint das Licht hinein). Verletzlichkeit bringt uns nicht um, sie bringt uns anderen Menschen näher. Sich Verletzlichkeit spüren zu lassen kann ein Tor zu mehr Vertrauen und Verbundenheit sein. Unser menschliches Leben ist kostbar und leicht zu verletzen. Genauso verletzlich sind unsere Gefühle. Das gehört zum Menschsein dazu und verbindet jeden Einzelnen mit uns. Wir sind damit nicht allein.

Füttern, was hungrig ist

Im Gegensatz zu einer Selbstoptimierung ist das Ziel der Selbstmitgefühlspraxis, uns so anzunehmen, wie wir sind, und uns in unserer menschlichen Unvollkommenheit liebevoll zu akzeptieren. Indem wir einen weisen und mitfühlenden Selbstanteil entwickeln, trauen wir uns, uns zunehmend Erinnerungen oder Aspekten in uns zuzuwenden, die wir aus Angst, dafür nicht geliebt zu werden, verbannt haben.

Rob Nairn, einer meiner Meditationslehrer, beschreibt Mitgefühlspraxis als ein Hinabsteigen in dunkle Ecken unserer Psyche. Das Trainieren von Liebe, Mitgefühl und Gleichmut hilft uns dann, all die »hungrigen«, ungeliebten und verbannten Selbstanteile mit Verständnis, Trost, Akzeptanz und Vergebung zu »füttern« und sie so wieder Teil von uns werden zu lassen. Mitgefühl hilft uns somit, all unsere Selbstanteile zu integrieren und ihre hilfreichen Funktionen zu erkennen. Diese bedingungslose Akzeptanz erlaubt es uns, ganz Mensch sein zu können, mit Stärken und Schwächen, und macht uns frei, Veränderungen vorzunehmen – aus Fürsorge für uns und andere.

Schmerzhafte Emotionen verwandeln

Wer fühlt sich schon gerne verletzlich, gedemütigt und bloßgestellt? Wer erlebt schon gerne Stress, Angst, Einsamkeit oder Verzweiflung? Sicherlich niemand. Schmerzhafte Emotionen sind genau das: schmerzhaft – ein Erleben, das wir instinktiv vermeiden möchten. Leider führt der Widerstand langfristig nicht zu weniger, sondern meist zu mehr Schmerz.

Schmerzhafte Emotionen gehören zum Leben genauso dazu wie das Leid, das Krankheit, Altwerden und Sterben verursachen. Wenn wir jedoch den Mut aufbringen, den harten Panzer des Widerstandes zu lockern, dann finden wir darunter meist lang vernachlässigte weichere Empfindungen oder gar Verletzungen, die es zu umsorgen gilt. Man könnte den Prozess auch damit vergleichen, dass der Schmerz eine Wunde ist, die unter dem engen Panzer unseres Widerstandes keine Luft bekommt und deshalb dort nicht heilen kann und weiterhin schmerzt.

In der Selbstmitgefühlspraxis nehmen wir den Panzer ab (Widerstand loslassen), dann desinfizieren wir die Wunde, was schmerzhaft sein kann (Schmerz benennen, anerkennen und im Körper spüren), und anschließend umsorgen wir die Wunde mit dem heilsamen Balsam des Mitgefühls, das den Schmerz lindert und den echten Heilungsprozess in Gang setzt.

Falls Sie beim Lesen des oberen Absatzes etwas empfindlich reagiert haben, dann ist es wichtig zu erwähnen, *dass wir in dieser Praxis nur so viel Schmerz einladen, wie für uns aushaltbar ist. Wir wollen uns nicht überfordern oder gar quälen oder neu traumatisieren, sondern uns in Mitgefühl üben. Die Absicht ist es, den Punkt zu finden, an dem es sich sicher und aushaltbar anfühlt, etwas in den Schmerz hineinzuspüren.* Die Einladung ist es, den Schmerz mit Fürsorge zu berühren, einfach so, weil es wehtut und nicht, um ihn wegzumachen. Die Einladung ist es, diesen Berührungspunkt weich werden zu lassen. Der tibetische Lehrer Chögyam Trungpa fasst diesen Prozess zusammen, indem er empfiehlt:

> »Finde den Rand des Schmerzes
> und lass ihn weich werden.«

Es ist wichtig, immer wieder neu den eigenen »Rand« des Schmerzes zu orten und nicht aus Hunger nach schneller Linderung zu tief in die Wunde zu greifen. Auch wenn wir Hunger auf die heiße Suppe haben, so verbrennen wir uns nur den Mund, wenn wir von der Mitte schöpfen. Vom Rand zu essen verspricht sicheren Genuss.

Uns dem Schmerz zuwenden, wenn er anklopft

Man kann den Umgang mit schmerzhaften Emotionen auch bildlich veranschaulichen. Stellen Sie sich vor, das belastende Gefühl wäre ein unwillkommener Gast, der an Ihrem Haus, das für Ihren Körper steht, anklopft. Zuerst müssen wir zu Hause sein, um überhaupt zu hören, dass jemand anklopft. In anderen Worten, wenn wir unseren Körper nur eingeschränkt spüren, ist es schwer mitzubekommen, dass wir gerade belastende Gefühle erleben.

Oft hören wir das Klopfen, haben aber Angst davor, den Gast hineinzulassen. Warum? Feste, aber falsche Überzeugungen darüber, wie gefährlich belastende Gefühle sein können, halten uns davon ab. Aufgrund von frühen Erfahrungen haben wir oft die Sorge, dass das Gefühl bei uns einziehen wird und niemals mehr verschwindet. Wir lassen es uns erst gar nicht voll fühlen, sondern stellen es ab oder drücken es weg. Gerade wenn wir in der Kindheit häufig erlebt haben, dass wir mit belastenden Gefühlen alleine gelassen oder diese abgewiegelt wurden, ist dies eine nachvollziehbare Angst. Es besteht bei manch einem nicht nur die Sorge, einen unangenehmen Mitbewohner zu bekommen, sondern die Angst, dass der Gast uns schaden könnte: die Möbel zerstört, uns angreift oder gar das Haus in die Luft jagt! Diese Ängste erklären sich meist dadurch, dass in der Kindheit Menschen um uns mit Angst, Stress oder Wut auf unsere Gefühle reagiert haben.

Die meisten von uns haben sich entsprechende Schutzmechanismen zugelegt: Einer versucht, den Gast durch Beschimpfen zu vertreiben (anderen die Schuld geben); der andere macht wie gewohnt weiter und tut so, als ob er das Klopfen nicht hören könnte (Verdrängen); wieder ein anderer versteckt sich im Haus (sich klein machen); der nächste verlässt das Haus und geht in den Kopf (Grübeln, Intellektualisieren) oder zieht sich gar ganz aus Kopf und Körper zurück (Dissoziation).

Den Schmerz schrittweise kennenlernen

Falls wir bereit sind, uns der Angst zu stellen, dann schauen wir neugierig durch den Spion, um zu erkennen, wer da an die Tür klopft. Kenne ich den? Wie heißt das Gefühl? Hat es einen Namen? Aus sicherer Distanz begutachten wir den unwillkommenen Gast. Wenn es sich sicher anfühlt, lassen wir den Gast in den Flur unseres Hauses treten: Wir lassen uns das Gefühl in Ansätzen in unserem Körper spüren. Es fühlt sich meist eher unangenehm an, da wir noch starken Widerstand gegenüber dem Gefühl erleben – wir misstrauen ihm, sind uns nicht sicher, was dessen Absicht ist. Wir halten es aus, wie es im Flur auf und ab geht. Jetzt können wir den Gast klar sehen und seine Bewegungen beobachten. Wir machen uns mit dem Gast langsam vertraut und erkennen, dass der Gast weniger bedrohlich ist, als wir ihn uns ausgemalt hatten. Wir entspannen uns etwas in die Körperempfindungen hinein, lassen etwas vom Widerstand los. Umso mehr unser Vertrauen in den Gast wächst, desto mehr schwinden die Angst und der Widerstand.

Die ganze Zeit über verweilen wir ruhig und geerdet in unserem Haus. Wir spüren im Sitzen unseren Körper, wie er Kontakt zum Boden hat und vom Boden gehalten wird. Auch wenn wir einen kurzen Moment der Panik erleben oder uns in Gedanken verstricken, so versuchen wir immer wieder, mit der Aufmerksamkeit in unser Haus zurückzukehren. (Für Menschen mit Traumatisierungen kann dieser Schritt eine große Herausforderung sein, der meist fachkundiger psychotherapeutischer Begleitung bedarf).

Wir umsorgen uns selbst derweil liebevoll mit unterstützenden Worten und Gesten. Da wir jetzt stabil in unserem Körperempfinden verankert sind und keine Angst mehr vor dem Gast haben, können wir ihn sich ganz frei in unserem Haus bewegen lassen – ganz wie *er* möchte, nicht wie *wir* möchten. Wir bleiben dabei selbst in unserem Haus und lassen zu. Wir geben den Empfindungen Raum und beobachten, wie sie sich in unserem Körper bewegen und dabei verändern. Der Druck wandert, das Stechen verwandelt sich in ein Kribbeln, wo es kalt war, wird es warm. Es ist nicht mehr so unangenehm. Wir wissen, dass der Gast uns nicht schaden will, sondern sich nur frei bewegen möchte, bis er von alleine zur Ruhe kommt.

Das Bedürfnis hinter dem Gefühl erkennen

Dann können wir mit dem Gast in einen Dialog treten. Wir laden ihn freundlich ein, sich zu uns zu setzen, zu Kaffee und Kuchen. Jetzt haben wir alle Angst verloren. Kein Widerstand, sondern Freundschaft besteht zwischen uns und dem Gast, dem Gefühl.

Wir erkennen, dass der Gast ein Bote ist, der nicht gekommen ist, um bei uns einzuziehen, sondern um uns seine Nachricht zu übermitteln. Der Gast sagt: »Ich bin die Wut und ich will dir sagen, dass ich mich missachtet und gekränkt fühle.« »Ich bin die Traurigkeit und will dir mitteilen, dass ich mich schwach und hoffnungslos fühle.«

Sobald wir die Botschaft des Gastes gehört haben, können wir dem Gast geben, was er braucht. Die Wut braucht Schutz, Respekt und Trost. Die Traurigkeit bedarf des Halts, der Ruhe, der Zuversicht und der Freude. Wir schenken dem Gefühl dann das, was es braucht. Sanft und beschützend legen wir die Hand auf die Körperstelle, streicheln sie oder legen eine Wärmflasche darauf. Liebevolle Worte oder Bilder unterstützen und umsorgen uns als die Person, die gerade ein belastendes Gefühl erlebt. Weise und beruhigende Gedanken tauchen vielleicht in uns auf. Sobald der Gast sich in seiner Botschaft und seinem Bedürfnis gehört, verstanden und umsorgt fühlt, zieht er meist ganz allein von dannen. Sollte er das nächste Mal wieder anklopfen, erkennen wir ihn sofort als Freund mit einer wertvollen Botschaft.

5

Wut und Vergebung

Neben Scham kann auch Wut unserem emotionalen Leid zugrunde liegen. Selbstmitgefühl kann uns insbesondere helfen, einen heilsameren Umgang mit Wut zu entwickeln. Das ist zugegebenermaßen eine hohe Kunst, die nicht umsonst am Ende des Buches steht.

Rotsehen

Im Deutschen gibt es viele bildliche Ausdrücke für die verschiedenen Manifestationen von Wut, die von Ärger bis zu Groll und Zorn reichen. Redewendungen wie z.B. »Ich habe eine Stinkwut im Bauch«, »Ich bin sauer«, »Ich bin auf hundertachtzig«, »Mir kocht das Blut in den Adern« oder »Der bringt mich zur Weißglut« beschreiben, welche Reaktionen Wut im Körper verursacht: nämlich Herzrasen, Hitzewallungen, Bluthochdruck und eine

Anspannung der Muskeln des Magen-Darm-Traktes. Wut geht außerdem mit verschiedenen Handlungsimpulsen einher. Manch einer fühlt sich »geladen« und will den anderen angreifen. Ein anderer wiederum erlebt einen solchen Energieschub, dass er »im Dreieck springt«, »die Wand hochgeht« oder auch »an die Decke«/»auf die Palme«. Manche von uns neigen dazu, insgeheim einen »Groll zu hegen« oder gar die Wut zu verstecken, indem wir sie in uns »hineinfressen«. Die starke Energie, die im Körper durch Wut aktiviert wird, führt dazu, dass wir der »Wut Luft machen« oder auch »aus der Haut fahren« und zeitweise »die Fassung verlieren« können. Haben Sie schon einmal aus einem Gefühl der Wut, der Kränkung oder der Verletzung heraus etwas zu jemandem gesagt oder etwas getan, was Sie kurz darauf bereuten?

Warum denken, fühlen und verhalten wir uns so, wenn wir wütend sind? Wir »sehen rot«, da wir uns oder einen uns wichtigen Menschen durch missachtendes Verhalten eines anderen bedroht fühlen. Unser Organismus will sich wehren, indem er die Ursache der Gefahr oder der Missachtung angreift oder gar vernichtet. Wut gehört also zu dem Repertoire des stammesgeschichtlich ältesten Teils unseres Gehirns, welches wir mit den Reptilien teilen.

Wut führt automatisch dazu, dass unsere Aufmerksamkeit sich fokussiert und eng wird, sich unsere Gedanken beschleunigen, Gedanken und innere Bilder von Feindseligkeit gefärbt sind und sich unser Körper vorbereitet, anzugreifen. Als Menschen verfügen wir über höher entwickelte Gehirnschichten, die uns befähigen, über unsere Absichten, Gefühle, Gedanken, Impulse und Handlungen zu reflektieren und diese tief zu verstehen. Wenn wir wütend sind, ist dieser »weise« Teil unseres Gehirns nur schwer zugänglich, damit wir uns schnell verteidigen können und nicht lange überlegen müssen.

Wenn wir einer direkten körperlichen Gefahr ausgesetzt sind, dann ist es sicherlich hilfreich, sich auf diese schnellen, automatischen Verteidigungsreflexe verlassen zu können, denn sie erhöhen unsere Chancen zu überleben. Häufig ist jedoch nicht unser körperliches, sondern unser soziales Überleben bedroht: Wir bekommen nicht den Respekt, die Wertschätzung, die Zuwendung oder die Anerkennung, die wir uns wünschen. Wut kann dann mit anderen Gefühlen wie Scham, Stolz oder Angst verknüpft sein. Wir fühlen uns durch das Verhalten eines anderen verletzt, gedemütigt oder ungerecht behandelt. Unsere Grenzen und persönlichen moralischen Gesetze wurden missachtet. Selbstverständlich ist die Bewertung, ob etwas eine Missachtung darstellt, subjektiv, d. h. es wird von jedem anders wahrgenommen. Die verschiedenen Sichtweisen in Bezug darauf, was eine Missachtung darstellt und was nicht, sind der Kern vieler Konflikte auf privater und globaler Ebene.

Die Energie der Wut ist von Trotz und Feindseligkeit geprägt, um das Fehlverhalten, die Missetat des anderen zu korrigieren und den Respekt der verletzten Person wiederherzustellen. Allzu oft führt dieser Impuls zu Aggression und Gewalt in der falschen Hoffnung, durch Vergeltung ließe sich wieder Gerechtigkeit herstellen.

Wie gehe ich normalerweise mit Wut um?

Neben unserer allgemeinen physiologischen Prägung, die wir mit allen Menschen teilen, ist unser Umgang mit Wut auch von unserem angeborenen Temperament, unserer Kultur und unserer Ursprungsfamilie geprägt. Man unterscheidet verschiedene Ausdrucksformen von Wut.

Passive Ausdrucksformen

- Konflikte und Wut vermeiden
- Sich selbst die Schuld geben
- Nachgeben und sich unterordnen
- Gleichgültigkeit, scheinbar »cool« sein
- Insgeheim Wut anstauen und hintenherum ausleben durch Tratschen, Hintergehen, Austricksen, Anschweigen
- Zwanghaftes Verhalten

Aktive Ausdrucksformen

- Mobbing – Abwertung und Demütigen anderer
- Selbstgerechtigkeit, Egoismus, Größenwahn
- Manisches, impulsives und unberechenbares Verhalten
- Verbale Androhungen oder Angriffe
- Körperliche Aggression gegenüber Objekten oder sogar Menschen

Unterdrückte Wut

Vielleicht haben Sie sich in einer oder mehreren dieser Ausdrucksformen wiedererkannt? Hat diese Ausdrucksform in Ihrem Leben auch schon negative Auswirkungen gehabt? Vielleicht Ihre psychische oder körperliche Gesundheit beeinträchtigt? Oder Ihre Beziehungen? Wenn Sie dazu neigen, nachzugeben und die Wut zu vermeiden, haben Sie vielleicht das Gefühl für Ihre persönlichen Grenzen und Bedürfnisse verloren? Vielleicht fühlen Sie sich von Ihrem Gegenüber nicht gesehen oder ungerecht behandelt, wissen aber nicht, wie Sie Ihre Bedürfnisse erfüllen können? Vielleicht fressen Sie die Wut in sich hinein, indem Sie mehr essen oder trinken, um sich zu beruhigen, aber Ihre Gedanken kreisen weiter um die Verletzung und Sie werden immer unzufriedener mit sich selbst?

Die Neigung, Wut zu unterdrücken, geht oft mit einer Angst vor Wut einher. Vielleicht haben wir Angst vor der Kraft, die Wut in uns freisetzt,und dass wir dadurch zu einer unliebsamen, cholerischen Person mutieren könnten, die unkontrollierbar Schaden anrichtet? Vielleicht war ein Elternteil jähzornig und wir wollen mit aller Macht verhindern, auch so zu werden? Vielleicht haben wir Angst, von anderen abgelehnt zu werden, wenn wir unsere Grenzen und Bedürfnisse äußern und dafür einstehen?

Wut zu unterdrücken kann sich als ein natürlicher Schutzmechanismus entwickelt haben, der uns in einer Situation in frühen Jahren geholfen hat. Forschungsergebnisse weisen darauf hin, dass das wiederholte Unterdrücken von Wut unserer seelischen und körperlichen Gesundheit schadet. Offenbar werden dadurch Depression und psychosomatische Beschwerden im Bereich des Herz-Kreislauf- und des Verdauungssystems gefördert.[15,16] Gemäß dem Prinzip eines Dampfkochtopfes kann es sein, dass die lang unterdrückte und übermäßig kontrollierte Wut sich irgendwann durch einen eher unkontrollierbaren Wutausbruch oder durch aggressives Verhalten Gehör verschafft.

Die Wut ausleben

Das Gegenteil – die Wut auszuleben – ist erwiesenermaßen nicht nur schädlich für unser Gegenüber, sondern auch für uns selbst. Menschen, die zu feindseligen Gefühlen neigen und diese ungezügelt ausdrücken, zeigen in vielen Studienein erhöhtes Risiko, an einer koronaren Herzerkrankung zu leiden.[17] Studien zeigen, dass die Idee, man könne sich von der Wut befreien, indem man laut schreit oder auf Objekte einschlägt, Menschen nur wütender macht und somit die Wut schürt.[18]

Obgleich der Wunsch nach Rache und Vergeltung in einem Moment der Demütigung stark sein kann, so ist es wohl unumstritten, dass das Prinzip von Auge um Auge, Zahn um Zahn der Menschheit nur unnötiges Leid und Zerstörung beschert hat. Während ich dies schreibe, treffen die Nachrichten ein, dass in Paris Journalisten einer Satirezeitschrift von islamistischen Terroristen erschossen wurden, weil sie eine Karikatur des Propheten Mohammed veröffentlicht hatten. Die Terroristen fühlten sich durch diese Darstellung gekränkt und haben diese Kränkung auf brutalste Weise gerächt. Ihrem eigentlichen Ziel, den Respekt für den Propheten Mohammed wiederherzustellen, sind sie durch diese Handlung jedoch wohl kaum nähergekommen. Weder Wut zu unterdrücken noch sie durch Aggression oder gezielte Racheakte auszuleben helfen uns, die Verletzung, die durch die erlebte Missachtung zustande gekommen ist, zu heilen.

Der mittlere Weg

Was ist denn dann ein hilfreicher Umgang mit Wut? Es wichtig zu betonen, dass Wut eine angeborene und überlebensnotwendige Emotion ist. Wut zu empfinden ist vollkommen menschlich. Wir haben uns weder die Gene für ein bestimmtes Temperament noch die prägenden Umwelteinflüsse ausgesucht, die unser Erleben von und unseren Umgang mit Wut bestimmen. Wenn Sie jedoch bemerkt haben, dass Ihr üblicher Umgang mit Wut negative Auswirkungen auf Sie und Ihre Beziehungen hat, dann haben Sie die Möglichkeit, durch Selbstmitgefühlspraxis für Ihr Handeln Verantwortung zu übernehmen und somit Ihre Lebensqualität und die Ihrer Mitmenschen zu verbessern.

Die Energie der Wut verwandeln

Die Energie der Wut ist also an sich nicht das Problem, sondern die impulsiven und unbedachten Taten, zu denen sie uns führen kann. Der Buddhismus lehrt, dass man die Energie von Wut und anderen potenziell destruktiven Emotionen durch Mitgefühl und Weisheit verwandeln kann. Ein Symbol für diese Verwandlung ist der Pfau. Obwohl ein Pfau Pflanzen, Insekten und sogar Schlangen frisst, die für uns giftig wären, hat er ein wunderschönes farbiges Gefieder. Dieses Phänomen wird in der buddhistischen Kultur als Gleichnis verwendet: Der Pfau, erzählt man dort, fühlt sich zu den giftigen Nahrungsquellen hingezogen und besitzt die Kraft, dieses Gift in einmalige Schönheit zu verwandeln. Das symbolische Verständnis ist, dass der Pfau nur durch das Gift seine Schönheit erlangt hat. So könnten auch wir mit potenziell »Giftigem« umgehen, um es zu verwandeln und seine Kraft für uns nutzbar machen.

In anderen Worten: Blinde Wut ohne Mitgefühl

und Weisheit führt zu Hass und höchstwahrscheinlich zu destruktivem und unheilsamem Handeln.
Wenn wir jedoch Mitgefühl und Weisheit kultivieren, können wir die heilsame Essenz der Wut
destillieren. Deren heilsame Essenz ist Klarheit
und Kraft, die uns helfen kann, eine wohlwollende,
weise, durchsetzungsfähige innere Autorität zu
entwickeln, wodurch wir uns und andere nachhaltig vor destruktiven Energien schützen können.

Wenn Mitgefühl die Energie von Wut in dieser
Weise verwandelt, wird Mut, Klarheit, Gelassen-
heit, Entschlossenheit und Handlungsbereitschaft
bei einer Person sichtbar.

Man nennt diesen aktiven Aspekt des Mitgefühls
auf Englisch »*fierce compassion*«, was man als
»toughes Mitgefühl«, »liebevolle Strenge« oder
»heiligen Zorn« übersetzen könnte.
Ein alltägliches Beispiel von »liebevoller Strenge«
ist ein Vater, dessen Kleinkind auf eine befahrene
Straße läuft. Er schreit dem Kind eine Warnung zu,
ergreift es und reißt es von der Straße weg. Der
Vater mag für einen Außenstehenden erzürnt oder
aggressiv gewirkt haben. Sein Handeln war jedoch
von seiner Fürsorge und Liebe für sein Kind motiviert. Indem er danach mit dem Kind über das

Ereignis spricht und ihm altersgerecht erklärt, warum er so gehandelt hat, kann auch das Kind die wohlwollende Absicht der Handlung des Vaters erkennen, ohne dass im Kind Scham oder Wut erzeugt wird.

> Mitgefühl ist aktiv, nicht passiv.
> Es macht uns bereit,
> aus Liebe zu handeln, falls das
> notwendig sein sollte.

Es gilt also als Erstes zu klären, ob die Wut oder Verbitterung, die Sie in Bezug auf eine bestimmte Situation empfinden, Ihnen heute noch dienlich ist oder nicht.

ÜBUNG

Wut erforschen

- Gibt es eine aktuelle oder vergangene Situation, die Sie wütend macht, wenn Sie daran denken, und die Sie im Alltag beschäftigt und belastet?

- Führen Sie sich diese Situation vor Augen. Beobachten Sie, welche Gedanken, Bilder, Gefühle, Körperempfindungen, Handlungsimpulse in Ihnen auftauchen. Können Sie Ihre Gefühle benennen?
- Dient Ihnen diese Wut oder Verärgerung heute, um Sie vor etwas zu beschützen? Wenn ja, erkennen Sie den positiven Aspekt der Wut an.
- Wenn nein, fragen Sie sich, ob Sie bereit sind, sich von dieser Wut oder Verbitterung zu lösen.

In den folgenden beiden Abschnitten widmen wir uns sowohl der Wut, die uns dient, als auch der Wut, die uns nicht mehr dient und die wir bereit sind loszulassen.

Schutz und Selbstachtung

»Meine Wut steht für mich für Schmerz, aber auch für Überleben, und bevor ich sie aufgebe, werde ich sichergehen, dass es einen Ersatz gibt, der auf dem Weg zur Klarheit mindestens genauso wirkungsvoll ist.«

Audre Lorde[19]

Mitgefühl wird häufig mit »lieb und nett sein« verwechselt. Wer zu jedem immer lieb und nett ist, ohne wirklich zu erkennen, mit wem genau er es zu tun hat und aus welcher Motivation heraus das Gegenüber handelt, praktiziert sogenanntes »Idiotenmitgefühl«. Man lässt alles mit sich machen, setzt sich nicht mehr zur Wehr, wenn es notwendig wäre, vermeidet Konflikte und verliert die Fähigkeit, zwischen Heilsamem und Unheilsamem zu unterscheiden. Chögyam Trungpa, ein buddhistischer Lehrer, verwendete diesen Begriff für Mitgefühl, dem die Weisheit und der Mut fehlen.

Eine Studie von Paul Gilbert und Kollegen hat den Unterschied zwischen unterwürfigem »Idiotenmitgefühl« und echtem Mitgefühl belegt. Die treibende Kraft hinter unterwürfigem »Mitgefühl« ist die Angst, abgelehnt zu werden. Im Gegensatz zu echtem Mitgefühl ging dieses unechte Mitgefühl in dieser Studie mit mehr Depression, Angst und Stress einher.[20]

Die eigenen Bedürfnisse achten

Es ist allzu menschlich, sich zu wünschen, geliebt zu werden. Es ist befreiend zu erkennen, wie viele unserer Handlungen von diesem unschuldigen Wunsch motiviert sind. Wem ist jedoch damit gedient, dass Sie Ihre eigenen Bedürfnisse zurückstellen oder sogar ganz aufgeben? Wem ist damit gedient, dass Sie sich für andere aufopfern in der vergeblichen Hoffnung, dafür geachtet zu werden, wenn Sie dabei Ihre Selbstachtung verlieren? Wem in der Familie, im Freundes- oder Kollegenkreis ist damit wirklich gedient? Ist es nicht auch besser für das Gemeinwohl, wenn jeder Einzelne gut für sich selbst sorgt?

Vielleicht haben wir in frühen Jahren gelernt, dass wir nur wertgeschätzt und geliebt werden, wenn wir für andere sorgen und unsere Bedürfnisse dabei ganz zurücknehmen. Vielleicht konnten wir damals nur überleben, indem wir unsere Bedürfnisse zurückstellten, da ein anderes Familienmitglied krank oder überfordert war und es einfach keinen Raum für uns gab. Fragen Sie sich, ob es heute noch für das Überleben notwendig ist oder nur der Überrest eines alten Schutzmechanismus, der Ihnen aber jetzt im Wege steht.

Natalie konnte sich nicht daran erinnern, je wütend gewesen zu sein. Sie empfand jedoch wachsende Unzufriedenheit gegenüber ihrem Mann Thomas. Sie wurde immer erschöpfter und lustloser. Da ihr Mann ein Zweitstudium begonnen hatte, war sie bald nach der Geburt ihres ersten Kindes wieder arbeiten gegangen. Die dreifache

Belastung von Haushalt, Arbeit und Kind brauchte all ihre Energie auf. Sie fühlte sich mit der Verantwortung allein gelassen und überfordert, traute sich aber nicht, Thomas ihre Gefühle mitzuteilen aus Angst, er könne ihr Vorwürfe machen oder sie gar verlassen.

Nach einem anstrengenden Arbeitstag hatte sie die Nacht mit der kleinen kranken Tochter durchwacht. Am nächsten Morgen brachen ihre Gefühle von Überforderung, Einsamkeit, Enttäuschung und Wut aus ihr heraus und sie schrie Thomas laut an. Er hatte durchgeschlafen, da an diesem Tag eine Prüfung anstand. Thomas war völlig vor den Kopf gestoßen, denn er hatte Natalie noch nie so erlebt! Er ärgerte sich, dass sie ihm kurz vor seiner wichtigen Prüfung solche Vorwürfe machte, auf die er jetzt unmöglich eingehen konnte. Die beiden schrien sich an, ohne auch nur ein Wort des anderen wirklich zu hören, bis Thomas gehen musste.

Vor keiner anderen negativen Emotion fürchten wir uns so sehr wie vor Wut. Für Natalie ist ihr Wutausbruch ein Warnsignal, das sie nicht mehr ignorieren kann. Sie hat die Chance, auf sich selbst zu hören und selbst Verantwortung für ihre Bedürfnisse und Grenzen zu übernehmen, anstatt insgeheim zu hoffen, dass Thomas sie erahnt. Es ist auch eine Chance, sich mit ihrer tieferliegenden Unsicherheit in Bezug auf die Tragfähigkeit der

Beziehung auseinanderzusetzen. Thomas hatte keine Ahnung, dass Natalie sich überfordert fühlte, da sie sich ihm nicht mitteilte. Er war zudem ganz auf sein Studium fokussiert und achtete weniger als sonst auf ihre Bedürfnisse, geschweige denn auf seine eigenen.

Wenn Sie Aspekte von sich in diesem Beispiel wiedererkennen, fragen Sie sich:

- Vermeide ich Konflikte und glaube, das wäre mitfühlend?
- Vermeide ich, ehrlich meine Meinung zu anderen zu sagen aus Angst, nicht mehr gemocht zu werden?
- Lasse ich bei anderen Menschen zu viel durchgehen?

Wenn Sie wie Natalie dazu neigen, Ihre Wut zu unterdrücken, oder sich gar fragen, ob Sie überhaupt ein Recht haben, wütend zu sein, dann ist die folgende Übung passend für Sie. Es geht nicht darum festzustellen, ob wir wütend sein dürfen oder nicht. Es geht darum zu verstehen, warum wir wütend sind, was uns unsere Wut sagen will, und dann zu schauen, wie wir das darunterliegende Bedürfnis nach Schutz, nach Respekt, nach Unterstützung oder Zuwendung selbst erfüllen können.

Der Weisheit der Wut lauschen

Wie wir vorher gesehen haben, dauern alle Gefühle, denen wir widerstreben, an oder verschlimmern sich sogar. Wie wäre es, sich stattdessen die Wut im Körper spüren zu lassen? Die Wut zuzulassen, ohne sie auszuleben?

- Denken Sie an eine Situation, in der Sie das Gefühl hatten, von jemand verletzt zu werden – vielleicht indem die Person absichtlich oder unabsichtlich Ihre Bedürfnisse übergangen oder Ihre Grenzen überschritten hat. Diese Situation sollte *nicht* traumatisch gewesen sein, aber ein geringes bis mittelmäßiges Unbehagen in Ihnen auslösen, wenn Sie jetzt an sie zurückdenken.
- Stellen Sie sich die Situation noch einmal genau vor: Was ist passiert? Was wurde gesagt?

Die Wut spüren

- Spüren Sie nun Ihren ganzen Körper. Wie fühlt sich Ihr Körper jetzt an? Es kann helfen, die Empfindungen von Kopf bis Fuß zu scannen. Spüren Sie vielleicht Anspannung im Unterkiefer, im Nacken, in Armen und Händen? Ist Ihnen warm oder eher kalt? Wie fühlt sich der Brustraum an? Weit oder eng? Wie schnell schlägt Ihr Herz?

- Erspüren Sie neugierig die Empfindungen, so als ob Sie sich mit ihnen vertraut machen, sie kennenlernen wollten. »Aha, schau, mein unterer Rücken/Nacken spannt sich an, wenn ich an die Verletzung denke!« Versuchen Sie, diese möglicherweise unangenehmen Empfindungen für diesen Moment so sein zu lassen, wie sie gerade sind, also sie nicht verändern zu wollen.

Die Wut liebevoll anerkennen

- Erkennen Sie Ihre Gefühle freundlich an, als ob ein guter Freund Sie mit diesem Schmerz sehen würde: »Meine Liebe/mein Lieber, ich sehe deine Wut. Es ist verständlich, dass du wütend (benennen Sie Ihre persönlichen Gefühle, die in Bezug auf die Situation auftauchen) bist, da du dich angegriffen, übergangen, nicht respektiert fühlst. Du darfst wütend (oder persönliche Gefühle) sein. Es tut mir leid, dass du so verletzt wurdest …«
- Vielleicht zeigen sich jetzt weichere Gefühle wie Traurigkeit oder Einsamkeit. Umsorgen Sie sich liebevoll, so wie Sie es brauchen und so lange, bis Sie sich getröstet und verstanden fühlen.

Wenn es für Sie möglich war, die Wut zu spüren und anzuerkennen, dann lade ich Sie ein, Ihre Grenzen zu erforschen. Sie können die folgenden Fragen bei geschlossenen Augen in Ihrem Innern bewegen, Antworten lauschen und diese wenn Sie möchten notieren.

Innere und äußere Grenzen setzen

- Was will Ihre Wut Ihnen in dieser Situation sagen? Gibt es etwas, was Sie von der Wut lernen könnten?
- Wie kam es Ihrer Meinung dazu, dass Ihre Grenzen überschritten wurden? Was haben Sie dazu beigetragen? Was hat die andere Person dazu beigetragen?
- Was und wo sind Ihre Grenzen in dieser Situation?
- Wie können Sie sich gegen diese Grenzüberschreitungen jetzt und in Zukunft schützen?
- Gibt es etwas, was Sie davon abhält, sich zu schützen? Vielleicht die Angst, abgelehnt zu werden oder in den Augen anderer Menschen als »böse«, »egoistisch« oder »hysterisch« zu gelten?
- Wenn Sie sich einen mutigen und wohlwollenden Beschützer an Ihrer Seite vorstellen, der Sie bedingungslos liebt, wo würde dieser in dieser Situation die Grenze setzen und wie würde er sie stellvertretend für Sie aufrechterhalten? (Den mitfühlenden Freund als innere Ressource haben wir im vorigen Kapitel kennengelernt.)
- Wenn Sie hilfreiche Grenzen erkannt haben, dann können Sie zur Unterstützung wiederholen: »Ich beschließe, mich und meine Grenzen von nun an zu achten.«

....

Als Natalie sich trotz ihrer Ängste traute, Thomas ihre Gefühle und Bedürfnisse ruhig und klar mitzuteilen, und er entgegen ihrer Erwartung verständnisvoll auf sie einging, spürte sie, wie sich etwas in ihr entspannte und sie wieder Vertrauen und Verbindung zu Thomas empfand. In den folgenden Wochen teilten die beiden die alltäglichen Aufgaben besser auf. Natalie begann im Alltag schneller wahrzunehmen, wann sie ihre Grenze erreicht hatte bzw. plante schon vorausschauend Phasen der Entspannung ein oder bat Thomas um Unterstützung. Die Wut gehört zu haben hatte ihr geholfen, sich selbst mehr zu achten, sich besser zu schützen und mehr gegenseitiges Vertrauen und Achtung in ihrer Beziehung zu erleben.

Was haben Sie für sich entdeckt? Selbstmitfühlend Grenzen zu setzen kann viele Formen annehmen. Für Natalie und Thomas führte es zu klarerer Kommunikation und einem zufriedenerem Miteinander. In anderen Fällen, wenn das Gegenüber keinen Respekt zeigt oder nicht zuhört, kann es selbstmitfühlend sein, sich zu schützen, indem man diese Person meidet. Aus Achtung vor uns selbst übernehmen wir aktiv Verantwortung für unser Wohlbefinden und handeln weise.

> **Selbstmitgefühl bedeutet, sich aus Selbstachtung zu schützen und zu behaupten.**

Wenn sich Wut
in Verbitterung wandelt

»Verbitterung ist so, als ob wir Gift einnehmen
würden in der Hoffnung, dass der andere stirbt.«
Nelson Mandela[21]

Dieses Zitat aus der Autobiografie des Anti-Apartheid-Kämpfers und südafrikanischen Politikers bietet uns ein eindringliches Bild für den Schaden, den Groll und Verbitterung in uns anrichten können, ohne dass wir es merken. Meistens wird unsere Wut von Erinnerungen an Verletzungen, die wir vor langer Zeit erlebt haben, geschürt. Vielleicht haben uns ein ehemaliger Partner oder Freund oder auch ein längst verstorbener Elternteil durch Worte oder Taten willentlich oder unwillentlich verletzt. Zu Beginn mag die Wut darüber uns als Selbstschutz gedient haben. Wenn wir jedoch weiter an ihr festhalten, selbst wenn sie uns nicht mehr dient, dann verwandelt sie sich mit der Zeit in Verbitterung.

Wenn unser Herz voller Verbitterung ist, dann »vergiften« wir uns in der Tat langsam selbst in der Hoffnung, dass der andere durch unseren wohlgehegten und gepflegten Groll »stirbt«. Verbitterung verschließt unser Herz jedoch für das Heilsame in allen Beziehungen – den Respekt, die Zuneigung oder die Anerkennung –, nach dem wir uns im tiefsten Innern heimlich sehnen.

Warum halten wir an Wut fest, die uns nicht mehr dient? Manchmal kann es einfacher sein, wütend zu bleiben und dem anderen die Schuld zu geben. Wut überdeckt zeitweise den Schmerz der eigenen Verletzung, da wir uns stärker, sicherer und im Recht fühlen. Der Konfrontation mit unserem eigenen Anteil an der verletzenden Begegnung gehen wir auf diese Weise aus dem Weg. Heilung von Verletzung bedarf deshalb als Erstes des Mutes. Mut, sich dem Schmerz unter der Wut zuzuwenden, ihn zu spüren, die Verletzlichkeit, die Trauer, die Angst, die Kränkung, die Scham, die Einsamkeit und vielleicht die eigene Fehlbarkeit und Unvollkommenheit.

Selbstmitgefühl bedeutet, den Mut zu fassen, sich dem Schmerz unter der Wut zu öffnen, die uns nicht mehr dient.

Was wir uns insgeheim wünschen

Wut und Groll werden oft von Schuldzuweisungen dem anderen gegenüber und der geheimen Überzeugung aufrechterhalten, dass es uns selbst besser gehen würde, wenn der andere sich verändern würde oder anders gehandelt hätte. Wut kann selbstgerecht sein. Wenn wir zwischenmenschliche Konflikte beleuchten, erkennen wir jedoch, dass in den meisten Fällen beide Seiten Mitverantwortung tragen für die verletzende Situation.

Der geheime Groll wird teilweise aufrechterhalten von der insgeheimen Hoffnung, dass der andere sich endlich ändert und uns dann das gibt, was wir uns schon lange zutiefst wünschen: Aufmerksamkeit, Anerkennung, Verständnis, Unterstützung, Zuneigung, Trost, Halt, Akzeptanz. Was ist aber, wenn dieser Mensch nicht in der Lage ist, Ihnen das zu geben – vielleicht weil er oder sie es Ihnen nicht geben kann, will oder gar bereits verstorben ist? Was machen Sie, wenn dieses berechtigte Bedürfnis vom anderen nie erfüllt werden kann? Um sich aus dieser Abhängigkeit und der möglichen Selbstvergiftung zu befreien, lade ich Sie ein, sich die folgende Frage ehrlich zu beantworten:

Sind Sie in der Lage, sich das, was Sie sich vom anderen sehnlichst wünschen, selbst zu schenken? Wenn Sie sich nach Anerkennung für Ihre Leistungen sehnen, fragen Sie sich, ob Sie Ihre Leistungen ganz für sich wertschätzen können – ohne sich dabei über oder unter andere stellen zu müssen, sondern indem Sie zu sich selbst sagen: »Gut gemacht! Ich bin stolz auf dich!«? Können Sie sich selbst liebevoll annehmen, wenn Ihnen ein Fehler unterlaufen ist? Wenn die Antwort jeweils jein oder nein war, dann lade ich Sie ein, in der nächsten Übung auszuprobieren, wie es ist, sich diese unerfüllten Bedürfnisse selbst zu erfüllen.

ÜBUNG

Unerfüllte Bedürfnisse erfüllen

Diese Übung wurde von Christopher Germer und Kirstin Neff als Teil des Kurses *Mindful Self-Compassion (MSC)* entwickelt.

- Denken Sie an eine Situation, in der Sie verletzt wurden (*nicht* traumatisch) und noch immer Verbitterung verspüren, obwohl Ihnen diese Verbitterung nicht mehr dient und Sie bereit sind, sich langsam davon zu lösen. (Bei traumatischen Verletzungen ist in der Regel therapeutische Unterstützung angebracht.)
- Lassen Sie sich die Verletzung und andere Gefühle im Körper spüren.
- Erkennen Sie die Wut und alle anderen Gefühle an – vielleicht mithilfe des mitfühlenden inneren Freundes: »Ja, du darfst spüren, was du spürst.

Es tut mir leid, dass du so verletzt wurdest. Ich bin da für dich …«

- Welche weichen Gefühle schauen hinter der Wut hervor? Einsamkeit? Scham? Traurigkeit? Benennen Sie diese und fassen Sie den Mut, sich diese spüren zu lassen und sich liebevoll zu umsorgen.
- Lassen Sie die andere Person in den Hintergrund treten. Bleiben Sie ganz bei sich und fragen Sie sich: Welche Bedürfnisse stecken unter dem weichen Gefühl? Was ist das, was ich mir von dem anderen Menschen gewünscht hätte?
- Gesehen/gehört/beschützt/anerkannt/geliebt/ respektiert zu werden?
- Können Sie sich diese Bedürfnisse erfüllen, vielleicht so, als ob Sie mit einem Freund sprechen würden, der dieselbe Verletzung erlebt hätte?
- Wenn Sie sich ungeliebt fühlen, sagen Sie zu sich: »Ich liebe dich.« Wenn Sie sich alleine gelassen fühlen, sagen Sie zu sich: »Ich bin da für dich. Immer.«

Tiefes Verstehen und Vergeben

Nelson Mandela schrieb über den Moment seiner Entlassung aus 27 Jahren Haft aufgrund seiner Bemühungen für Gleichstellung von schwarzen und weißen Bürgern Südafrikas: »Als ich aus der Tür trat, hin zum Tor, das mich zu meiner Freiheit führen würde, wurde ich mir bewusst, dass ich immer noch im Gefängnis bleiben würde, wenn ich die Verbitterung und den Hass nicht hinter mir lasse.«

Anstatt Rache zu nehmen, arbeitete Mandela mit den südafrikanischen Politikern, durch die er gelitten hatte, zusammen, um seine Arbeit der Gleichstellung fortzusetzen. Mandela hatte erkannt, dass er seinen Schuldigern vergeben musste, um wirklich frei zu sein. Er sagte: »Vergebung befreit die Seele, sie löst die Furcht auf. Aus diesem Grund ist sie eine solche wirkungsvolle Waffe.« Aus diesen Worten wird deutlich, dass nur Handlungen, die von Liebe und nicht von Furcht getrieben sind, nachhaltigen inneren und äußeren Frieden bringen. Ein Zeichen der Versöhnung setzte Mandela, als er einen seiner weißen Gefängniswärter zu seiner Einweihungsfeier als Präsident Südafrikas als Ehrengast einlud. Sicherlich ist das Ausmaß von Mandelas Einsatz, seines Leids und seiner Fähigkeit zur Liebe und Vergebung außergewöhnlich. Nichtsdestotrotz besitzen wir alle diese menschlichen Fähigkeiten zu Liebe, Verstehen und Vergeben.

Vergebung – so wie Mitgefühl – wird häufig missverstanden. *Vergebung bedeutet nicht, unethisches und schädliches Verhalten gutzuheißen und meine Werte oder schützenden Grenzen aufzugeben.*

Vergebung ist weise, weil der Vergebende tief verstanden hat, was die Person, die den anderen verletzt hat, bewegt hat, so zu handeln, und welche Ressourcen diese Person zu Einsicht und zu Rehabilitation hat. Ein weiser und gerechter Richter würde den Angeklagten hören und verstehen wollen und in Anbetracht aller Umstände, die zur Tat geführt haben, und dem Schaden, den er angerichtet hat, ein faires Urteil fällen.

Der Prozess der Vergebung

Vergebung geschieht auch nicht per Knopfdruck, sondern ist ein Prozess. Ein erzwungenes und unterwürfiges »Es tut mir leid«, das aus Angst vor Verlust oder Bestrafung geschieht und nur dazu dient, das Gegenüber zu beschwichtigen, hilft nicht, unser Herz zu befreien, sondern gießt Öl auf das Feuer des unterdrückten Grolls oder der Angst vor Wut. Echte Vergebung ist also ein persönlicher innerer Prozess, in dem es darum geht

1. zu erkennen, dass Wohlwollen und Liebe unserem Wohlbefinden zuträglicher sind als Wut, Groll und Hass,
2. tief zu verstehen, warum der andere so gehandelt hat, um Sie zu verletzen, und dass er vielleicht selbst leidet, und

3. aus diesem tiefen Verstehen der Beweggründe heraus zu beginnen, im eigenen Tempo Wohlwollen und Vergebung der Person gegenüber zu entwickeln, die uns geschadet hat, und vielleicht uns selbst gegenüber, wenn wir dem anderen auch geschadet haben.

Vergebung ist ein Prozess. Mitgefühl hilft uns, Verletzungen zu umsorgen und loszulassen – Schritt für Schritt. Als ganz normale Menschen erkennen wir dabei an, wie wenig Kontrolle wir manchmal über das haben, das wir in Momenten von Wut oder ohnmächtiger Frustration sagen oder tun. Das entschuldigt das Verhalten nicht, aber hilft uns, unsere Fehlbarkeit anzuerkennen, zu vergeben und daraus zu lernen – immer wieder neu.

ÜBUNG

Tiefes Verstehen und Vergeben

Diese Übung kann der Beginn des Prozesses des Vergebens sein, wenn Sie dafür bereit sind. Da dies eine anspruchsvolle Übung ist, hilft es, wenn Sie sich bereits Selbstmitgefühl schenken können (siehe Kapitel 1–4). Es ist auch weise, die eigene Wut und die eigenen Grenzen kennenzulernen, bevor man Vergebung übt. Gehen Sie im Tempo Ihres Herzens vor! Sie vergeben nicht, weil »man das tun sollte«, sondern nur, wenn es sich für Sie persönlich richtig anfühlt. Ich empfehle Ihnen, bei der Übung die Beweggründe tief zu erforschen und aufzuschreiben. Diese Übung wurde von Christopher Germer und Kirstin Neff als Teil des Kurses *Mindful Self-Compassion (MSC)* entwickelt.

- Denken Sie jetzt an eine Person, die Sie verletzt hat (*nicht* traumatisiert) und der Sie wirklich bereit sind zu vergeben.
- Lassen Sie sich den verbliebenen Schmerz in Ihrem Körper spüren, erkennen Sie den Schmerz liebevoll an und umsorgen Sie sich dafür, dass Sie diesen Schmerz erfahren haben (siehe oben).
- Wenn es sich richtig anfühlt zu vergeben, dann fragen Sie sich, welches Universum von Faktoren auf die Person eingewirkt hat, dass sie so gehandelt hat:
- Bedenken Sie die Faktoren, die deren Persönlichkeit geformt haben, etwa prägende Erfahrungen in der Kindheit, genetische und kulturelle Einflüsse usw.
- Bedenken Sie die Faktoren, die in dem Moment der Verletzung auf die Person eingewirkt haben mögen, wie Stress, Schlafmangel, Krankheit usw.
- Wenn Sie mögen, fangen Sie an, dem anderen zu vergeben, vielleicht indem Sie innerlich wiederholen: »Möge ich anfangen, dir dafür zu vergeben, was du absichtlich oder unabsichtlich getan hast, um mir zu schaden.«

- Was können Sie tun, um nicht mehr auf diese Weise verletzt zu werden?
- Wenn Sie mögen, beschließen Sie, sich so gut wie möglich davor zu schützen, wieder so verletzt zu werden.

Selbstvergebung

- Vielleicht erkennen Sie, dass Sie diese Person oder jemand anderen verletzt haben und darunter leiden. Wiederholen Sie die obigen Schritte für sich:
- Welche Auswirkungen hatten Ihre Worte oder Handlungen auf die andere Person?
- Lassen Sie sich alles fühlen, was auftaucht – Scham, Schuld, Reue –, wissend, dass es zutiefst menschlich ist, Fehler zu machen und auch andere zu verletzen. Geben Sie sich ganz viel Selbstmitgefühl!
- Warum haben Sie so gehandelt? Welche Faktoren haben auf Sie eingewirkt? Stress? Unaufmerksamkeit? Persönlichkeit? Frühere Erfahrungen?
- Wiederholen Sie innerlich die Worte: »Möge ich beginnen, mir zu vergeben für das, was ich absichtlich oder unabsichtlich getan habe, um (dieser Person) zu schaden.«
- Vielleicht möchten Sie beschließen, Ihr Bestes zu tun, daraus zu lernen und – wenn stimmig – sich bei der anderen Person zu entschuldigen.

....

Selbstmitgefühl bei Verletzung bedeutet, unsere Wut zu hören, den Schmerz darunter zu umsorgen und durch tiefes Verstehen unserer Menschlichkeit zu beginnen, uns und anderen zu vergeben.

Während ich dieses Kapitel beende, haben sich drei Millionen Menschen in Frankreich und noch viele mehr in Städten auf der ganzen Welt versammelt, um friedlich für Freiheit, Frieden, Toleranz und Mitmenschlichkeit zu demonstrieren als Antwort auf die Terrorattentate von Islamisten gegen die Presse und gegen Juden. Immer wenn in uns Wut und Hass auftauchen, haben wir die Möglichkeit, durch gesunde Selbstachtung und durch tiefes Verstehen und Vergeben inneren Frieden zu schaffen.

Zum Abschluss:
den ersten Schritt machen

Den ersten und wichtigsten Schritt zu mehr Selbst-mitgefühl haben Sie bereits getan, indem Sie dieses Büchlein gelesen haben. Falls Sie etwas in diesem Text angeregt hat, mehr praktisch zu üben, dann lade ich Sie herzlich dazu ein. Es gibt verschiedene Formate, in denen man üben kann.

Vielleicht möchten Sie alleine mit Audioaufnahmen üben. Die Kernübungen des *Mindful Self-Compassion (MSC)*-Kurses können Sie gratis von meiner Webseite www.selbstmitgefühl.de herunterladen. Gemeinsam mit dem Kollegen Lienhard Valentin habe ich die meisten Übungen des MSC-Kurses nach Kristin Neff auf Deutsch auf mehrere CDs gesprochen.

Wer lieber in der Gruppe lernen will, der kann an einem MSC-Kurs oder verwandten Selbstmitge-fühlskursen teilnehmen. Die ersten MSC-Lehrer werden zurzeit von uns, dem Ausbilderteam des Center for Mindful Self-Compassion (www. centerformsc.org), international ausgebildet. Im deutschsprachigen Raum werden Sie immer mehr anerkannte MSC-Lehrer finden (»trained« oder »certified teachers«), bei denen man Selbstmitgefühl in einem achtwöchigen Kurs in einer Gruppe lernen kann.

Je nach Belastungsgrad und je nach den persönlichen Themen kann es auch helfen, von einem fachkundigen und mitfühlenden Psychotherapeuten auf der Reise begleitet zu werden. Mit dieser Unterstützung können Sie Mut schöpfen, sich schwierigen Gefühlen zuzuwenden, und langsam lernen, sich selbst liebevoll zu umsorgen, wenn Sie leiden. Was ist Ihr nächster eigener Schritt auf dem Weg zu mehr Selbstmitgefühl?

Von Herzen alles Gute auf Ihrem Weg.

Danksagung

Danke an Heike Mayer und Dagmar Olzog vom Scorpio-Verlag für die Möglichkeit, über dieses Thema zu schreiben, und für die liebevolle und kompetente Betreuung. Danke an all meine persönlichen Lehrer – den Riesen, auf deren Schultern ich stehe, von denen ich lernen darf und die ein offenes Ohr und Herz für meine Ideen haben: Rob Nairn, Paul Gilbert, Kristin Neff, Luise Reddemann und ganz besonders Chris Germer. Danke auch an die wachsende Gemeinschaft von Kollegen, Freunden und Praktizierenden der Achtsamkeit und des Mitgefühls und an meine Familie.

Anmerkungen

1. Quelle unbekannt, möglicherweise aus einem Fernseh-interview.
2. Cox BJ, Rector NA, Bagby RM, Swinson RP, Levitt AJ, Joffe RT. Is self-criticism unique for depression? A comparison with social phobia. *Journal of Affective Disorders.* 2000;57(1):223–8.
3. Schore AN. The experience-dependent maturation of a regulatory system in the orbital prefrontal cortex and the origin of developmental psychopathology. *Development and Psychopathology.* 1996;8(01):59–87.
4. Porges SW. The polyvagal perspective. *Biological Psychology.* 2007;74(2):116–43.
5. Neff KD. The development and validation of a scale to measure self-compassion. *Self and Identity.* 2003;2(3): 223–50.
6. Ehret AM, Joormann J, Berking M. Examining risk and resilience factors for depression: The role of self-criticism and self-compassion. *Cognition and Emotion.* 2014:1–9.
7. MacBeth A, Gumley A. Exploring compassion: A meta-analysis of the association between self-compassion and psychopathology. *Clinical Psychology Review.* 2012;32(6):545–52.
8. Neff KD, Germer CK. A pilot study and randomized controlled trial of the Mindful Self-Compassion Program. *Journal of Clinical Psychology.* 2013;69(1):28–44.
9. Neff KD. Die Wissenschaft vom Selbstmitgefühl. In: Germer C, Siegel R, Hrsg. *Weisheit und Mitgefühl in der Psychotherapie.* Freiburg: Arbor Verlag 2014. S. 135–56.
10. Breines JG, Chen S. Self-compassion increases self-improve-ment motivation. *Personality and Social Psychology Bulletin.* 2012;38(9):1133–43.
11. Breines JG, Thoma MV, Gianferante D, Hanlin L, Chen X, Rohleder N. Self-compassion as a predictor of interleukin-6 response to acute psychosocial stress. *Brain, Behavior, and Immunity.* 2014;37:109–14.
12. Singer T, Klimecki OM. Empathy and compassion. *Current Biology.* 2014;24(18):R875–R8.

13. Ware B. *5 Dinge, die Sterbende am meisten bereuen: Einsichten, die Ihr Leben verändern werden*. München: Arkana 2013.

14. Rohleder N, Chen E, Wolf JM, Miller GE. The psychobiology of trait shame in young women: Extending the social self preservation theory. *Health Psychology*. 2008;27(5):523.

15. Gilbert P, Gilbert J, Irons C. Life events, entrapments and arrested anger in depression. *Journal of Affective Disorders*. 2004;79(1):149–60.

16. Brosschot J, Thayer J. Anger inhibition, cardiovascular recovery, and vagal function: A model of the link between hostility and cardiovascular disease. *Annals of Behavioral Medicine*. 1998;20(4):326–32.

17. Orth-Gomér K, Albus C, Bagés N, DeBacker G, Deter H-C, Herrmann-Lingen C, et al. Psychosocial considerations in the european guidelines for prevention of cardiovascular diseases in clinical practice: Third joint task force. *Int J Behav Med*. 2005;12(3):132–41.

18. Bushman BJ. Does venting anger feed or extinguish the flame? Catharsis, rumination, distraction, anger, and aggressive responding. *Personality and Social Psychology Bulletin*. 2002;28(6):724–31.

19. Lorde A. *Sister Outsider: Essays and Speeches*. London: Crossing Press 2012. (Zitat von Autorin aus dem Englischen übersetzt).

20. Catarino F, Gilbert P, McEwan K, Baião R. Compassion motivations: Distinguishing submissive compassion from genuine compassion and its association with shame, submissive behavior, depression, anxiety and stress. *Journal of Social and Clinical Psychology*. 2014;33(5):399–412.

21. Mandela N. *Der lange Weg zur Freiheit*. Frankfurt am Main: Fischer Verlag 1994.

Buch- und CD-Empfehlungen

Germer, Christopher: *Der achtsame Weg zur Selbstliebe: Wie man sich von destruktiven Gedanken und Gefühlen befreit*. Freiburg: Arbor Verlag 2011.

Gilbert, Paul: *Mitgefühl: Wie wir Mitgefühl nutzen können, um Glück und Selbstakzeptanz zu entwickeln und es uns wohl sein zu lassen*. Freiburg: Arbor Verlag 2011.

Mayer, Heike: *Achtsam leben: Das kleine 1x1 für ein Leben im Hier und Jetzt*. München: Scorpio 2015.

Neff Kristin: *Selbstmitgefühl: Schritt für Schritt*. Buch mit Übungs-CDs. Freiburg: Arbor Verlag 2014.

Neff, Kristin: *Selbstmitgefühl: Wie wir uns mit unseren Schwächen versöhnen und uns selbst der beste Freund werden*. München: Kailash 2013.

van Stappen, Anne: *Das kleine Übungsheft – Selbstliebe*. München: Trinity 2012.

Weiterführende Informationen zu Kursen

www.selbstmitgefühl.de
www.centerformsc.org
www.msc-deutschland.de
www.msc-dach.com
www.mbsr-verband.de

Lebenshilfe auf den Punkt gebracht

Achtsamkeit hilft uns, mit den Herausforderungen des Lebens geschickter umzugehen – und dabei die kleinen Freuden des gegenwärtigen Augenblicks aus vollem Herzen zu genießen. Die kompakten Pocketguides bieten einen unkomplizierten Einstieg: Eine Fülle an Übungen und Impulsen zeigt, wie sich Achtsamkeit konkret im Alltag umsetzen lässt.

ISBN 978-3-95803-008-4

ISBN 978-3-95803-007-7

ISBN 978-3-943416-95-4

ISBN 978-3-943416-94-7